恐怖箱

厭熟

つくね乱蔵

JN047930

竹書房
怪談
文庫

※本書に登場する人物名は、様々な事情を考慮してすべて仮名にしてあります。また、作中に登場する体験者の記憶と体験当時の世相を鑑み、極力当時の様相を再現するよう心がけています。現代においては若干耳慣れない言葉・表記が登場する場合がありますが、これらは差別・侮蔑を意図する考えに基づくものではありません。

店主から一言。

今回の本は厭熟という。えんじゅくと読む。
熟という漢字を使っているが、実のところ個人的には熟した果物が苦手だ。
桃や林檎《りんご》、葡萄《ぶどう》、苺《いちご》。美味いのは分かっている。
ただ、汁気に満ちた見た目や感触が、どうにも受け付けない。
ところが調べてみると、果物の本来の魅力は熟さなければ分からないのだという。
スーパーや商店に並べてある果物は、見た目が美しいものばかりだ。
売る側にしてみれば、これは当然である。綺麗な物を消費者が求めるからだ。
だから、桃も林檎も硬く青いうちに収穫してしまう。
こうすれば、食卓に届くまで綺麗なままでいられるからだ。
中には腐敗して色が濃くなるものもある。だが、これを完熟と呼ぶのは誤りである。
未熟で収穫したものが、完熟の果物に成り上がることはない。
地面からの栄養をたっぷりと吸収し、完璧に熟してこそ完熟と言える。
これを実話怪談に当てはめるとどうなるか。

実話怪談の単著は、謂わば個人商店である。作家名の看板を上げて、さあいらっしゃいと呼びかけているわけだ。

老舗もあれば、新しい店もある。

それぞれが工夫を凝らし、知恵を絞り、他の店にはない色を出そうと精進を続けている。

見た目の良さだけでは残っていけない。

かといって、奇をてらうばかりでも選んでくれない。

中には、ひっそりと看板を下げて店を畳む者もいる。何の商売でも、消費者は厳しいのだ。

そんな中、つくね乱蔵商店はどのような品を目指しているのかというと――。


何となく読みやすい。文章がするすると頭に入っていく気がする。

となると、見た目が美しいとも言える。

ところが、書いてある内容は腐る寸前の毒に満ちたものばかりだ。

読めば読むほど、身体に厭な栄養が蓄積されていく。

店主は、ほたほたと微笑みながら、こっちも美味しいよと次々に勧めてくる。

断りたいのに手が止まらない。

ああ、しまった、ここは入ってはならない店だったんだと悔やんでも遅い。

自分自身が腐り果てるまで食べ続けるしかない。


という店が理想である。

我ながら、実に厭な店だなと思う。

そんな店だと分かって入ったなら何も言わない。どうぞいつものように完食していってください。

知らずに入ってしまった貴方、引き返すなら今のうちです。

ああ、そうですか。それでも構わないと仰《おっしゃ》る。

ならば仕方ない。

熟しきった厭をどうぞ。


店主から一言。

目次

強制減量

美也子さんは幼い頃から食べるのが大好きだった。

好き嫌いなく何でも食べ、出されたものは絶対に残さない。

美也子さんは母親を早くに亡くし、父親と祖母に育てられた。

父も祖母も一人娘の美也子さんを溺愛し、好きなようにさせていた
当然、太る。女の子でありながら、十五歳のときには七十キロを超えていた。

美也子さん自身は、そんな状況でも全く気にしていなかった。

根っから明るい性格で、面と向かって悪口を言われても豪快に笑い飛ばしてしまう。

その外見もあって、皆から〈おかん〉と呼ばれ慕われていた。

関西でいう母親のことである。

クラスのムードメーカーとして、美也子さんは毎日楽しく過ごしていた。

高校生になり、友人達が恋の話で盛り上がっていても、美也子さんは相変わらすマイペースであった。

好きな男の子はいたが、自分なんかが相手にされるわけがない。達観と諦めを心に刻み、

笑顔で蓋をする。

それで三年間を乗り切ったという。

大学でも日常は変わらない。バイト先にパン屋を選んだ為、より一層体重が増した。

大学卒業を目前にした頃、美也子さんを取り巻く状況が激変した。

祖母が亡くなってしまったのだ。数年前から認知症になり、美也子さんの存在すら分からなかった祖母だが、亡くなる寸前に美也子さんに会いたいと呟いたそうだ。

その話を聞いた美也子さんは、祖母の遺体に取りすがって泣いた。だが、食欲はそれでも落ちなかった。

心の底から悲しいのに、腹が空いてしまうのだ。

このとき、美也子さんは初めて自分が醜く思えたという。

大好きな祖母が死んだというのに、私はご飯が美味しくて仕方ない。

どうすればいいのだろう。悩んでいても腹が減る。

とうとう美也子さんは自殺する手段を考え始めた。

首吊りは駄目だ。縄が切れてしまう。飛び降りや、電車への飛び込みは考えただけでも足が竦《すく》む。

第一、こんな肉の塊を掃除する人が大変だろう。

睡眠薬は効果を得る為に何錠飲めばいいか見当も付かない。
樹海に入っても、恐らく空腹に負けて止めてしまう。
私の食欲は死ぬことすら許してくれないのだ。
美也子さんは祖母の遺影を抱きしめ、声を上げて泣いた。
夜通し泣いたら腹が減ってきた。台所を漁ると、カップ焼きそばがあった。
泣きぬれた頬を拭いもせず、美也子さんはお湯を沸かし始めた。
これで最後。カップ麺はこれで最後にする。もう二度と買わないから。
念仏のように唱え、お湯を注ぐ。三分待つ間も念仏を唱える。
できあがった麺にソースを掛け回し、マヨネーズをたっぷりと盛る。
台所で立ったまま、貪り食った。
美味い。美味すぎる。無我夢中になり、あっという間に食べ終わった。
満足の溜息を一つ吐いた瞬間、目の前に祖母がふわりと現れた。
祖母は生きていた頃のように微笑むと、美也子さんの頭を撫でた。
懐かしい感触に涙がこぼれ落ちる。美也子さんは声を上げて泣き出してしまった。
美也子さんを撫でていた祖母は、いきなりその手を美也子さんの口に突っ込んできた。
喉の奥まで手を突っ込まれ、美也子さんは堪らずに嘔吐した。

食べたばかりの焼きそばが台所の床にぶち撒けられる。

その様子を見届け、祖母は現れたときと同じように、ふわりと消えた。

その後、祖母は美也子さんが食事をする度に現れ、手を突っ込んできた。

当然、痩せてくる。

体重はどんどん減っていき、同世代の平均まで減量できた。

以前の姿を知る友人達は驚愕《きょうがく》し、絶賛してくれた。

今までとは全く違う自分を美也子さんは歓迎した。

これで恋の話にも参加できる。もしかしたら、素敵な人と幸せな家庭を営めるかも。

事実、とある春の夜に美也子さんは初めてナンパされた。

唐突な出来事に逃げてしまったが、帰りの電車でニヤニヤ笑いが止められなかったという。

帰宅して、祖母の仏壇に手を合わせる。

いつものように控えめの食事を終えた途端、祖母が現れた。

祖母は優しく微笑み、美也子さんの口に手を突っ込んできた。

もういい、もういいから。

必死に頼んだのだが、祖母は止めようとしない。

折角の食事が台無しになった。

今でも祖母は現れる。どんなに頼んでも止めてくれない。

父親は最初から信用してくれない。お前は心の病なんだと決めつけ、病院に強制入院させようとした。

美也子さんは父親から逃げ出し、一人暮らしを始めた。

最低限の栄養しか摂取できない為、まるで骸骨のようになっている。

持っていかれる

泉谷さんは、とある商業施設の警備隊長だ。

隊員の一人に丸岡という男がいる。

ミスが多く、現場のお荷物的存在の丸岡には、一点だけ長所があった。

頑強な肉体である。丸岡は病気で欠勤したことがなく、小学生なら皆勤賞確定の男であった。

その丸岡が、このところ元気がない。滅多にないことをネタにして、同僚達は冗談を言い合った。

同じように笑っていた泉谷さんだが、本心では気になっていた。

と言っても、丸岡の身を案じているわけではない。

もしも病欠されると、他の隊員の休みに影響が出るのだ。

苦心して作ったシフト表を変更しなくてはならない。

ギリギリの人員でやっている現場にありがちな状況だ。

その意味において、絶対に休まない丸岡は大切な人材と言えた。

当務明けの日、泉谷さんは事情を訊くつもりで声を掛けたのだが、思いがけず丸岡のほうから相談を持ち掛けてきた。

かなり思いつめた顔である。

人がいない場所が良いとのことで、駅へ行く途中にある公園に向かった。

「最近、引っ越したんですよ」

丸岡は、話をそう切り出した。

「そこに女が出るんです」

借りてしばらくは何ともなかったのだという。

事故物件ではないことは確かだ。前の入居者は、丸岡の知り合いであった。引っ越すから代わりに入らないかと誘われたのである。

その知り合いは七年住んでいた。

何かあるなら、そんなに長く暮らせないはずだ。

初めて女が出たのは七日目の夜。

夜勤明けで帰宅し、入浴後に仮眠しているときのことだ。

右手に何か触れてきた。何度も繰り返し触れられたためか、目が覚めてしまった。

ベッドの横に誰かが立っている。カーテンを閉め忘れたせいで、陽の光が部屋の隅々まで照らしている。

それなのに、その誰かは真っ黒のままであった。

体形や髪型から、辛うじて女だと判断できる。

恐ろしさのあまり、固まってしまった丸岡の右手を黒い女は執拗《しつよう》に撫で続けた。

凡《およ》そ十分程経過した頃、女はいきなり消えた。

右手に撫でられた感触が残っている。見ると、様子が変わっていた。

「小指の爪がね、なくなってたんです」

そう言って丸岡は右手を見せた。小指に巻いてあった救急絆創膏《ばんそうこう》を取る。確かに爪がない。見るからに痛そうだ。

「生爪を剥がしたみたいでしょ。でも、痛くも痒くもないんです。血も出ない」

救急絆創膏は薬指にも巻かれている。

丸岡はそれも取った。同様に爪がない。

「この指をやられたのは、十日目の夜でした。同じように黒い女に触られて」

やはり全く痛みがない。とにかく、何か起こっていることは確かだ。

丸岡の相談は三点。あの女は何者なのか。どうしてこんなことをするのか。何故、爪を剥がされても痛くないのか。

当然ながら、泉谷さんに答えられるはずがない。とりあえず、不動産屋に訊くのが一番早いとしか言えなかった。

丸岡自身もそれしかないことは分かっていたらしい。要するに背中を押してもらいたかっただけなのだ。

部屋自体は気に入っているので、何とかして女を追い払いたいというのが本音だった。早いほうが良いということで、丸岡はそのまま不動産屋に向かった。

翌日、丸岡は不動産屋について報告しに来てくれた。

〈あの部屋には何もおかしなところはない。あなたの前に住んでいた人は、七年もの間、普通に暮らしている〉

そこを言われたら、何も言い返せない。丸岡はすごすごと引き下がったという。

そんな丸岡を嘲笑うように、その夜も女は現れた。

今回は髪の毛を触られたそうだ。

「ほら、ここです」

丸岡の右側頭部に丸い禿げができている。

その次は、首筋にあった疣《いぼ》がなくなった。

こうやって、丸岡は少しずつ何かをなくしていった。

前の居住者に何事も起こらなかったのは何故なのか。

丸岡が出した答えはこうだ。

「そいつが連れてきた。だからこそ引っ越した」

そうとしか考えられない。

連絡を試みたが、現時点では何の返事もない。

自分も引っ越せば済む話だが、その為の資金がない。

結局、丸岡はその部屋に住み続けざるを得なかった。


今現在、丸岡は仕事を休んでいる。人前に出られるような姿ではないので、という連絡があった。

泉谷さんは、隊長としての責任感から見舞いに行った。

丸岡は部屋の扉を少しだけ開け、顔を半分だけ覗かせた。

頭髪も眉毛も全くない。酷く痩せている。

大丈夫かと声を掛けた泉谷さんを凝視していた丸岡は、ぼそっと呟いた。

「昨日、右目を触られた」

外に出てきた丸岡を見て、泉谷さんは息を飲んだ。

右目が真っ白である。瞳の部分が見当たらない。

「隊長、助けてくださいよ」

必死にしがみつく丸岡を振りほどき、泉谷さんは逃げた。

その後のことは会社に任せっきりである。

お若い人にお任せして

立石さんは、七十二歳のときに夫を亡くして以来、ずっと同じアパートで暮らしている。

少し前まで、引っ越しを考えていたそうだ。

すぐにでも実行したかったが、先立つものがなかった。

子供もなく、頼れる身内もない。食べるだけで精一杯だった。

半年ほど前までは、何とか我慢できていた。築十五年の今にも崩れそうな建物だが、老人の一人暮らしには十分だ。

このまま終《つい》の棲家にと考えていたぐらいである。

引っ越しを考えるようになった原因は、隣に住んでいた笠原という老人だ。

笠原は、このアパートの主ともいえる存在であった。

本人曰く、アパートが新築の頃に入居したらしい。

たった六部屋のアパートにも拘わらず、自ら自治会長を買って出て、ありとあらゆるルールを作り上げた厄介者である。

訪ねてくる者もおらず、ずっと一人暮らしのせいか暇を持て余していたのだろう。

散々、好き勝手に振る舞った挙句、最後に待っていたのは孤独死であった。

正直な話、立石さんを含めたアパートの全員が、笠原の死を歓迎した。

笠原が作ったルールは常識の範疇ではあるものの、あまりにも細かいものだったからだ。

日曜日の午前中は掃除機を掛けてはならない。

いついかなるときも大声を出してはならない。

ゴミの分別ができない人は、二週間ゴミ出し禁止。

煙草は百害あって一利なし、アパートの周囲二十メートルは禁煙。

室内は足音を立てて歩かない。

動物はどのような物でも飼ってはならない。野良猫に餌をやるのも飼うのと同罪。

この他にも二桁に及ぶ笠原ルールがある。無視しようものなら、面倒なことになる。

大声で怒鳴られるならまだしも、玄関先に立たれて延々と嫌味を言われ続けるのだ。

死んでくれたのは本当に有難かったという。

穏やかな生活が営めると安心したのも束の間、笠原は死してなおルールを押し付けてきた。

最初は囁き声であった。立石さんが野良猫に餌をやろうとしたときだ。

「笠原ルールその六の二、野良猫に餌をやるな」

間違いなく笠原の声だ。思わず辺りを見回したが、誰もいない。けれども気のせいと片付けるには、あまりにも生々しい声だった。

笠原の声を聞いたのは、立石さんだけではない。アパートの住人全員である。

ルールを破る度に、声が聞こえてしまう。生きている頃と違い、部屋の中にいても違反を指摘される。

二十四時間、監視されているようなものだ。皆、とことん参ってしまった。

笠原は徐々に力を増し、うっすらとではあるが姿も見せるようになってきた。

住人達は知恵を出し合い、何とかして笠原を退治できないか色々と試してみたのだが、全く効果はなかった。

笠原が満足するような生活を送るしかないのかと全員が諦めた。

立石さんが引っ越しを考えたのもこの頃だ。


ところがある日、思いがけぬ援軍が現れた。

新しい入居者がやってきたのだ。

竹井という若者である。竹井が入居したのは、当然ながら笠原の部屋だ。

勿論、笠原ルールなど知るはずがない。竹井は、好き勝手に暮らし始めた。

平日の真夜中に洗濯機を回す、大音量で音楽を鳴らす、ゴミの分別はしない。

平常時なら、腹立たしいことばかりだが、立石さん始め住人達は心の底から竹井を応援した。

どうやら竹井には笠原の存在が認知できないらしい。

笠原がどのように喚こうが脅かそうが、全く意に介さない。

笠原ルールが全て破られるまで、それほど時間は掛からなかった。

無視されればされるほど、笠原は意地になったようだ。

どうにかして竹井に気付かれようと、常にまとわりついている。

大声を上げ、恐ろしい顔で睨み、背中に貼り付く。

それでも竹井は無視し続ける。笠原の存在を微塵《みじん》も感じていない。

立石さんは、胸の中で快哉を叫んでいたそうだ。

半年後、竹井は上京すると言って引っ越していった。

どうやら笠原は竹井に憑いていったらしく、そのときから姿を見せなくなった。

またこっちに戻ってくる可能性もあるが、今のところ立石さんは穏やかな日々を送っている。

毛管

何年か前、嶋津さんに聞いた話。

嶋津さんは排水や下水の詰まりを専門に修理する業者だ。

その日は、とあるマンションに向かっていた。依頼主はマンションのオーナーである楠田だ。

一階の住人からの苦情とのことだ。風呂場が臭うらしい。幾ら掃除しても臭う為、配管の何処かでゴミが詰まっているのではないかという。

トイレの下水管とは違い、風呂の下水管は他の部屋と繋がっている場合が多い。離れた部屋の悪臭が、配管を伝って他の部屋に達することも珍しくない。

マンションに到着すると、既に楠田が待っていた。

案内された部屋は一階の南側の角部屋だ。まずは居住者に挨拶。

五十代の女性だ。入った瞬間に、綺麗好きな性格が分かる部屋である。

早速、風呂場に向かう。ドアを開ける前から、そこはかとなく臭っているのが分かった。

部屋と同じく、風呂も綺麗に清掃してある。ざっと見渡した限り臭いの元となるようなものはない。

まずはゴミ受けと排水トラップの確認だ。水を流してみたが、全く支障がない。

次にどちらも外した状態で水を流してみる。これも異常なし。

ということは、原因はここにはないわけだ。嶋津さんは胸の中で溜息を吐いた。

考えられるのは排水桝《ます》か、排水管の勾配の不具合。排水桝とは、排水管と下水管のつなぎ目に設置されている設備だ。

生活排水は直で下水に流しているわけではない。一時的に排水を溜める役割を果たすのが排水桝である。

謂わば、排水のダムだ。ここに石鹸や油カスなどの汚れが溜まってしまうと、排水が逆流する場合もある。

解消するには、業務用の高圧洗浄機が必要になる。素人ではどうにもならない。

地震や地盤沈下で、排水管の勾配に変化が生じると余計に厄介だ。

排水管の敷き直しになり、費用も高額になる。もっと怖いのは配管の破損だ。

掘り起こせない箇所で割れてしまうと、かなり大掛かりな工事になってしまう。

実のところ、ゴミ受けや排水トラップで詰まってくれていたほうが助かるぐらいだ。

嫌な予感に包まれながら、嶋津さんは図面を基に排水の経路をたどっていった。

マンションに設置された排水桝は全部で六箇所。問題の部屋に一番近い桝から、順に調べていく。

蓋を開けようとしたとき、背後から声を掛けられた。

「そこじゃないわ」

女性の声だ。振り向いた嶋津さんは、あり得ないものを見た。

全裸の老婆である。全裸でなければ、女性と判別できなかったかもしれない。

体中の皮膚が剥がれ落ち、赤剥けの状態になっている。毛髪も頭部の皮膚ごと剥がれたように見える。

だらりと垂れた乳房がなければ、膨れ上がった肉塊としか見えなかっただろう。

悲鳴すら上げられず、目を瞠《みは》る嶋津さんに、女性はもう一度言った。

「そこじゃないのよ」

女性は粘ついた音を立てて近づいてくる。嶋津さんは思わず、持っていた図面を投げつけた。

図面は女性の身体をすり抜けて地面に落ちた。彼女は動きを止め、悲しげな呻《うめ》き声を上げて消えた。

女性がいた跡に、濡れたシミが残っている。そのシミが発する臭いは、苦情があった風呂場の臭いに酷似していた。

投げつけた図面にも、臭いが付いている。捲っていくと、四階部分を記した図面が強烈に臭った。

「どうですか、場所分かりました？」

楠田がやってこなければ、嶋津さんはそのまま立ち竦んでいたかもしれない。

掠れ声で現状を説明し、残りの排水桝を調べた。通常あり得るレベルの汚れはあるが、いずれからも風呂場の臭いはしない。

「とりあえず桝は綺麗にします。その後、さっきの部屋の上の階も調べたいのですが」

徹底的にやってくれと言い残し、楠田は管理室に戻っていった。

嶋津さんは工具箱を持ち、マンションの玄関に向かった。行き先は決めてある。エレベーターに乗り、四階のボタンを押した。

自分が見たものは未だに信じられないが、何らかの関連性があるのは否めない。

放り出して逃げたい気持ちはある。けれども、それでは仕事の信用も放り出すことになる。

嶋津さんは自らに気合いを入れて四階に到着した。

エレベーターホールには既に待っている人がいた。先程の老婆である。

老婆は現れては消え、また少し先に現れては消え、まるで道案内のように嶋津さんを誘った。

最後に老婆は、とある部屋の扉から中に入っていった。

扉の前に立った嶋津さんは、楠田の携帯電話を呼び出した。

部屋番号を告げ、すぐに来てほしいと頼むと、楠田は一瞬黙り込んだ。

数分後、楠田は険しい表情でやってきた。開口一番、楠田はこう言った。

「この部屋は誰もいないんだが、確かにここなんですか」

老婆の件を話したところで、馬鹿にされるのは目に見えている。

嶋津さんは、事務的な口調で図面で調べた結果ですと答えた。

「とりあえず、この部屋の風呂場を見たいのですが」

そう頼んだのだが、楠田はなかなか動こうとしない。

「楠田さん？　どうかしましたか」

「いえ。何でも」

ようやく楠田は鍵を取り出し、扉を開けた。その途端、あの臭いが溢れてきた。

間違いない。やはりここだ。

確信を得た嶋津さんは、風呂場に向かった。

戸を開けて、思わず後退《あとずさ》った。バスタブの中に老婆が横たわっている。

楠田に老婆の姿は見えていないようだが、ここで何があったか知っている様子だ。

老婆は粘液を垂らしながら起き上がり、排水口を指さして消えた。

小さく頷き、嶋津さんは排水口のゴミ受けと排水トラップを外した。

乾ききった排水トラップの奥から、強烈な臭いが立ち上がってくる。

懐中電灯で照らしてみる。何かある。臭いを我慢し、顔を近づけた。

正体が分かった。大量の髪の毛だ。手を突っ込み、引きずり出す。

普通なら、少しずつ取り出せるはずなのだが、何故かこの髪の毛は抵抗する。

鳥肌を立て、吐きそうになりながら、嶋津さんは思い切り力を込めた。

ずぼっと音を立て、髪の毛の束が出てきた。

取り出し難いのも無理はない。髪の毛は頭皮ごと詰まっていた。作業を見ていた楠田が、悲鳴を上げて逃げ出した。

嶋津さんは取り出した髪の毛と頭皮のセットをポリ袋に入れ、きっちりと排水口を清掃した後、大きく溜息を吐いた。

楠田の説明によると、確かにこの部屋で老婆が孤独死していた。

入浴中にヒートショックを起こし、発見されたときは浴槽内で腐敗し始めていた。

頭皮は頭蓋骨に乗っているだけなので、腐敗してきたら髪の毛ごと落ちる。

警察が遺体を処理した際、既に頭皮と髪の毛は浴槽内に沈んでいたのだろう。

その後、業者に清掃を頼んだのだが、かなりいい加減な作業だったのは間違いない。

激高した楠田に問い詰められ、その業者は見つけた頭皮を排水口から流したと白状したそうだ。

四階の臭いが排水管を伝い、一階まで降りていったわけだ。とにかくこれで作業完了である。

見つけた頭皮と髪の毛の扱いは楠田に一任し、嶋津さんは仕事を終えた。

それから数週間後、嶋津さんは再び楠田から連絡を受けた。

またもや排水口から同じ臭いがするという。再び業者を問い詰めたら、肉片や小骨も流したらしい。

嶋津さんはスケジュールを言い訳にして、丁寧に断った。

30

幽体離脱

昨年のこと。植木さんは、友人の三浦から呼び出された。

何やら相談があるという。

指定された居酒屋で、三浦は珍しく酒を飲まずに待っていた。

よほど深刻な内容なのか、顔色が悪い。

とりあえず生ビールを頼み、乾杯。やはり、口を付けようともしない。

しばらくして三浦は、呟くように言った。

「お前さ、幽体離脱って知ってるか」

「寝てる間に魂が抜けるって奴か。それがどうした」

三浦はあらぬ方向を見つめたまま相談を始めた。


俺、色んな場所に行ってるらしいんだよ。

あちこちで俺を見たって奴がいてさ。

でも、そいつらが見たって場所、どれも行ったことがないんだ。

見られた時間も訊いたんだけど、俺、そんときは寝てたし。

昼間とかもあったけど、その日は夜勤明けだから夕方まで寝てたし。

夢遊病かなぁとか思ったんだけど、かなり遠くでも見られてるからさ。

夢遊病で車の運転とか、電車乗るとか無理だろ。

だから、もしかしたら幽体離脱かなって。

起きたら凄く疲れてるときがあるんだけど、それって幽体離脱のせいじゃないかな。


植木さんは、どう答えていいか分からずに考え込んだ。

「なぁ、俺どうしたらいいと思う？　死んだりしないよな」

植木さんは、そういった方面の専門家ではない。ただの会社員に答えられるわけがない。

気のせいだと言うのは簡単だ。というか、気のせいに違いないとも思う。

それでも、人の良い植木さんは真剣に対策を考えた。

まずは部屋にビデオカメラを設置する。これは状況確認用だ。

夢遊病の可能性を考え、ベッドの周りに足つぼシートを敷いておく。

「なるほど、痛くて目が覚めるわけだな」

ふざけたアイディアのようだが、意外と効果はあるように思える。

加えて、もしもまた目撃者が現れたら、服装や様子を詳細に訊いておこうと決めた。

「とりあえず様子を見て、結果知らせてくれ。俺も何だか気になるし」

少し安心したのか、三浦は生ビールを飲み干した。

翌日、三浦が連絡してきた。

勤務が終わったら自分の部屋まで来て、録画した映像を見てほしいという。

切羽詰まった様子である。退社後、植木さんは急ぎ足で三浦の部屋に向かった。

連日の呼び出しを詫び、三浦は植木さんを招き入れた。

1DKの小さな部屋だ。シングルベッドの周りに足つぼシートが敷き詰めてある。

ビデオカメラは部屋全体が撮影できる位置に置いてあった。

既に頭出ししているらしく、テレビ画面に部屋が映っている。灯りは点けたままだ。

「いいか、見ててくれよ」

再生してすぐに変化が現れた。ベッドの横にあるクローゼットがそろそろと開いていく。

三浦は気付かずに、イビキをかいて眠り続けている。

三十センチほど開いた扉から、腕が出てきた。紺色の服を着ている。続いて細い足が伸びてきた。

次は顔。若い女のようだ。ゆっくりと出てきたのは、ボブカットの女であった。

何故かセーラー服を着ている。
「誰だ、これ？　お前の妹？」
「知らん。見たこともない。どうやって入ったか見当も付かん」
女はベッドの側に立ち、三浦を見下ろしている。
足つぼシートを踏んでいるはずだが、何の反応もない。
眠る三浦の頭に触れ、女は何か呟いている。声が小さくて聞き取れない。
三浦はイビキを止めて大きく唸り、身動き一つしなくなった。
ここで映像が激しく乱れて途切れた。
起きてから映像を確認した三浦は、恐る恐るクローゼットを開けて中を調べた。
天板も外れないし、当たり前だが壁に穴も開いてない。
寝る前にスーツをクローゼットに片付けたのだが、そのときも異常はなかったという。
その他に身を隠せる場所などない。ベランダの窓は施錠されている。
話し合った結果、その夜は植木さんが泊まることになった。
こうなれば乗り掛かった舟である。寝る前に、二人掛かりで部屋中を調べた。
念のため、クローゼットのドアは開けたままにしてある。
三浦を先に寝かせ、植木さんはしばらく見守る。録画された映像によると、女が現れたのは午前二時七分。

とりあえずその辺りを目標に、植木さんは頑張った。

二時になり、十五分が過ぎ、二時半になっても何も起こりそうにない。

植木さんは、つい眠り込んでしまった。ふと目が覚め、腕時計を見る。針は三時を指している。

三浦は――イビキが止まっていた。横を向いたまま微動だにしない。

クローゼットが閉まっている。植木さんはそろそろと近づき、思い切ってクローゼットを開けた。

中にあの女がいた。

可愛らしい顔立ちを歪め、凄まじく険しい目で植木さんを睨みつけている。

隣に三浦もいた。

目を閉じたまま立っている。振り返ると、ベッドでも三浦が眠っている。

どういうことだ。

混乱した植木さんは、とりあえず目の前の三浦の手首を掴んだ。

その瞬間、背後で三浦のイビキが復活した。寝返りを打つ気配もする。

気が付くと植木さんは、たった一人でクローゼットの中にいた。

いつの間にか、ハンガーに吊るされたスーツの袖を握っていたという。

植木さんは、三浦を起こして今あったことを説明した。

二人で録画した映像を再生してみる。前回と同じく、女が三浦の頭に触れ、イビキが止まった辺りから映像が途切れていた。

その後、三浦は早々に引っ越しを決めた。

あの女が何者なのか、あの部屋で何があったのか、今となっては調べようがない。

36 定まらず

青木さんは、警備歴十二年のベテランだ。

色々な現場を渡り歩き、今は商社ビルの警備隊長を任されている。

この物件は、五年前まで違う警備会社が請け負っていたのだが、何らかの理由で退いたのだという。

平日は二人体制、会社の休業日は一人体制だ。

主な仕事は受付だが、当然ながら巡回業務もある。

敷地内には倉庫もある為、普通に歩いても二時間は掛かった。

この巡回経路を再考し、効率良く回れるようにした功労者がいる。

向田という男だ。向田は、青木さんよりも長い経歴を持つ大ベテランだ。

この商社ビルの警備を立ち上げたメンバーの一人でもある。

人柄も良く、誰もが面倒くさがる新人研修を進んで引き受ける好人物であった。

惜しまれつつ二年前に退職していたが、今でも時々話題に上るほどだ。

ついこの間のこと、その向田が顔を見せた。

用事で近くまで来たから、お前らに喝を入れに来た。笑顔でそう言いながら、受付カウンターに手土産を置く。

幸い、会社は休業日である。守衛室に招き入れ、手土産をネタに思わぬお茶会となった。

最近の状況から昔話まで話題には事欠かない。

「そう言えば、俺が作った巡回経路はまだ守ってるのか」

守るも何も、一番楽なやり方なのだ。当然ですよ、先輩の遺産ですからと青木さんは答えた。

そうか、申し訳ないなと呟き、向田はしばらく黙り込んだ。

「この際、言っておくか」

向田はそう言って、青木さんの顔をじっと見つめた。

「あの巡回経路には秘密があるんだ」

向田がこのビルに配属されてきたとき、以前の警備会社が作成したままの巡回経路を守っていた。

それに逆らったのは、当時の隊長である森田という男だ。

森田は、見た目と違って気の小さい男であった。嘘か本当か知らないが、霊が見えるらしい。

「この巡回経路のここここ。幽霊がいるんだよ」

指摘した場所は、北倉庫の裏口と地下機械室横のトイレだ。

この二つは、いずれも通路が狭く、どうしても幽霊にぶつかってしまうのだという。

「だから僕は奥まで見てない。裏口の鍵は外から確認できるし、トイレは見なくても支障がない」

向田は青木の話を信じていなかったが、これを利用して楽な巡回経路を作ろうと思い立った。

その結果、できあがったのが今使っている経路である。

北倉庫の裏口は外周点検の際に確認。地下機械室横のトイレは目視で良しとする。

こうすれば効率良く巡回が終わり、その分を有効に使えると意見を添えたことが功を奏し、無事に変更できたのであった。

それからは森田も機嫌よく巡回してくるようになり、至って穏やかな日々が続いた。

勝手なもので、安全が確保されると幽霊の正体が知りたくなってきたという。

会社に訊いても教えてくれるはずがない。というか、存在そのものを知らないだろう。

妙な噂をばらまくなとお叱りを受ける可能性もある。

同じ理由で、社員に訊くのも避けなければならない。となると、一番の古株は清掃員の千田さんだ。

軽い気持ちで向田が訊くと、驚くことに千田さんは全てを知っていた。

向田は場所を隠して訊いたのだが、千田さんは的確に説明したのである。

「地下機械室横のトイレにいるのは、この会社の社員。パワハラが原因で首を吊ったんだよ。北倉庫の裏口にいるのは、あんたらの前にいた警備会社の人。あんたらと同じように、幽霊を調べてた。心臓発作で倒れてそれっきり。仕事熱心なのは良いけど、気を付けたほうがいいよ」

何処までが真実か分からないが、とにかく何かいることは否めない。

向田が率先して新人研修を請け負ったのは、隊員の命を守る為の行動だった。

話を聞き終えた青木さんは、心から感動したという。

やはりこの人は尊敬すべき人だった。少し涙ぐみながら、青木さんは向田に握手を求めた。

向田は照れ臭そうに微笑んだ。

それからしばらくして、梶木という新人が配属されてきた。

青木さんは早速、向田の志を継いで、丁寧に研修を開始した。

巡回の時間になり、梶木を連れて守衛室を出る。

見るべきポイントを教えながら、北倉庫まで来た。外周沿いに裏口へと回る。

裏口の施錠を確認しながら、青木さんはふと思った。

この扉の裏側に幽霊がいるんだな。

鳥肌を立てながら、その場を離れる。何も知らない梶木は熱心にメモを取りながら付いてきた。

「次は本館の入り口に……どうした、梶木くん」

梶木が立ち止まって、本館の入り口を見つめている。

「あの。あのですね、青木さん。僕、昔から変なものが見えるんですけど、あの入り口に物凄いのが立ってます。多分、ここの社員さんかな。首吊って死んだ感じがする。それと、南の備品倉庫にもいました。警備員の格好してた」

梶木は、その場で警備会社の管制室に電話を掛け、退職を申し出た。

慌てた青木さんは、向田が教えてくれた話を梶木に聞かせた。

だから安心して良いのだとも言った。

黙って聞いていた梶木は、嘲るように答えた。

「ずっとその場所に居続けるって、幽霊が約束してくれたんですか」

今現在、青木さんは必要最小限の巡回しかやっていない。

何か防犯や防災上の事案が発生したときは大問題になるだろうが、命には代えられないという。

添い寝

季実子さんの祖父が亡くなったのは、五年前。

昔から村で有数の豪農であり、祖父も金銭面で不自由したことがない。

世帯主になった時点で、有り余る資産を活用して金貸しを始め、農業は潔く辞めてしまった。

表立っては、困った人のお役に立てればいいと言っていた祖父だが、その取り立ては容赦なく、何人もの自殺者が出たという。

相手が親戚縁者でも区別はない。借りた金は返すのが人としての基本。親戚も親子もないと言い放つ。

泣かれようが恨まれようが、気にも留めない。むしろ酒の肴になると嘯《うそぶ》くほどだ。

祖父は、亡くなる数年前から足腰が弱り、寝たきりになっても酒は止めなかった。

介護施設は拒否し、借金が残る親戚縁者を総動員して自身の面倒を看させた。

そういった日々を送ってきたせいか、通夜は親戚縁者でごった返していた。

全員が祖父の財産目当てである。まずは遺言書を見つけることから始まった。

祖父の性格からして、外部の人間に預けるとは思えない。全員が血眼で家中を探し回る。必死になって隅々まで調べたが、それらしき書類は見当たらない。自筆証書は勿論、公正証書もない。

結局見つからず、このままでは妻と子が法定相続人になるのは明らかであった。

この事実に最も喜んだのが季実子さんの兄の孝太郎である。

孝太郎は、遠くから帰ってきた甲斐があったと満足げに微笑んだ。これに親戚一同が罵声を浴びせた。

孝太郎は大学生になった年に故郷を捨て、殆《ほとん》ど帰ってきたことがない。

祖父の介護どころか、手紙一つ寄越さない男に財産を分け与えるなど論外だ。

たとえ遺言書があったとしても、孝太郎だけは絶対に選ばなかったはずだ。

全員が口を揃えて喚きたてた。

当然ながら、孝太郎はびくともしない。何をどう言われようと、法律は俺の味方だとせせら笑う。

「俺がこの家の当主になったら、借金全部帳消しにしてやってもいいけどなぁ」

この一言が決め手になった。その場にいた殆どが、孝太郎を認めたのである。

ようやく落ち着きを取り戻した一同は、酒席へと場を移した。

酒が進むにつれ、通夜とは思えない有様になってきた。

祖父に対する罵倒が飛び交い、故人を悼《いた》む者など一人もいない。

聞いているだけでうんざりし、宴を抜け出した季実子さんは、祖父の枕元に座った。

静かに話しかけ、皆の罵詈雑言《ばりぞうごん》を詫びた。

その最中、騒乱が近づいてきた。先頭に立つ孝太郎は、かなり酔っているようだ。

全員が笑いながら部屋に入ってきた。

「俺がどれほどじいちゃんに愛されてたか、そこで見とけ」

呂律《ろれつ》の回らない口で言うが早いか、孝太郎が祖父の横に寝転んだ。

祖父の顔を覆う布を外し、抱き着いてキスするようなポーズを取った。その姿を孝太郎の妻がスマートフォンで撮影している。

唖然《あぜん》とする季実子さんの前で、とんでもない撮影会は続く。

「どうだ、上手く撮れたか」

撮った画像を確認し始めた妻が、悲鳴を上げてスマートフォンを落とした。

拾い上げて渡そうとした季実子さんも、画像を見て同じように悲鳴を上げてしまった。

孝太郎に抱き着かれた祖父が、目を見開いているのだ。祖父は、横眼で孝太郎を睨みつけていた。

全ての画像で、祖父はふざけた格好をする孝太郎を凝視している。

更に加えて、祖父と孝太郎を取り囲むように何人もの見知らぬ人が立っている。

撮影したとき、二人に近づいた者はいない。全員が部屋の出入り口に固まっていた。

「どうした。何が写ってるんだ」

紀美子さんが震え声で説明すると、全員が画像を確認して黙り込んだ。

恐る恐る祖父を確かめたが、しっかりと目は閉じている。

一気に静かになった一同は、一人また一人と帰っていった。

通夜が明け、葬儀は厳粛に行われた。

葬儀中、孝太郎は受付の椅子に座ったまま、ぼんやりと前を見ているだけであった。

葬儀から一カ月半ほど経った頃、孝太郎は目に見えてやつれてきた。

眠れないからである。寝ると隣に祖父が来る。孝太郎に抱き着き、顔を舐めまわすのだという。

加えて、布団の周りに沢山の人が立つ。全員が左右に揺れながら、死ね死ねと繰り返す。

睡眠を恐れた孝太郎は、夜中ずっと椅子に座り、気絶するように居眠りし、また起きる。

そうしている限り何も現れない。肉体は徐々に衰えていき、体重が半分近くになった。

五年経った今も、孝太郎は眠れない夜を過ごしている。当然ながら働けるはずがなく、会社も辞めてしまった。

折角手にした遺産も、病院と日々の生活に消えかけている。

蛍屋

大沢さんという男性から聞いた話である。

昭和初期、日中戦争の少し前のこと。

当時、大沢さんの叔父である安二郎さんは、近畿地方のとある町で暮らしていた。

世の中は、第一次上海事変の停戦協定が結ばれ、兵隊達が帰還し始めていた。

帰国した安二郎さんも召集解除の身になり、家業である荒物屋の仕事に精を出していた。

荒物屋とは、日常生活に使用するざるや籠、ほうきやちり取りなどの類を売る店だ。

謂わば、小さなホームセンターである。

世間は不景気に向かい、店先に並べる商品も少なくなってきた。

昭和十一年、安二郎さんは結婚し、昌子さんという新妻を得た。

懸命に働くものの、稼ぎが追いついてこない。食べていくのが精一杯である。

季節は初夏を迎え、そこかしこに蛍が飛び始めた。

安二郎さんは、母親の助言で蛍を売ることにした。一匹一銭だが、多いときには一千匹余りも売れたという。

多く売れるのは有難いが、補充が大変だ。かと言って他から仕入れたり、誰かを雇っていては儲けが出ない。

大きな店なら可能だろうが、安二郎さんの店では不可能だ。自らの手で捕まえてこなくてはならない。

安二郎さんは閉店後、町外れの森に出かけることにした。

何とかなりそうではあるが、毎晩となると大変である。見かねた昌子さんも蛍獲りを買って出た。

昌子さんは真夜中近くまで森で過ごし、大量の蛍を獲って帰ってきた。

それでいて朝五時には目覚め、家事に取り掛かる。

店も手伝いつつ、安二郎さんと交代で森へ向かう。

笑顔を絶やさない昌子さんだったが、やはり無理があった。

蛍の季節が終わる頃、昌子さんは店で倒れ、帰らぬ人となった。

苦しい息の下で、昌子さんは不思議なことを言い残した。

私が死んだら、骨を森に埋めて。そこに蛍を集めるから。

愛した妻の遺言である。蔑《ないがし》ろにできるはずもない。葬儀後、安二郎さんは骨壺から昌子さんの遺骨を幾つか取り出し、森へ埋めた。

翌年の初夏、安二郎さんは森へ向かった。

カンテラと呼ばれる携帯式の照明器具で辺りを照らしながら進んでいく。

昌子さんの遺骨が眠る場所まで後少しという所で、安二郎さんは息を飲んで立ち止まった。

大量の蛍がいる。まるで、森の中に銀河が誕生したようであった。

蛍の補充は心配なくなったが、それを買おうという人は少なくなっていた。

皆、それどころではなくなっていたのである。

その年の七月、安二郎さんは再び招集され、戦地へ向かった。

兵役を解除されたのは、三年後である。戻ってこられただけでも儲けものという時代であった。

帰国した安二郎さんは既に重い病に罹《かか》っていた。

年老いた母を残し、安二郎さんは妻の元へ旅立ったのである。

安二郎さんの遺骨は、昌子さんと同じ場所に埋められた。

その森は空襲で焼き払われ、今はもう残っていない。

静かに語り終えた大沢さんは、安二郎さんと昌子さんの墓の写真を見せてくれた。

一時は全く姿を見せなくなった蛍は、地元の有志の努力で少しずつ戻り始めている。だが、いつの時代でも初夏になると、この墓の周りだけには必ず二匹の蛍が飛ぶという。

紗耶香様

モーニングルーティンという言葉がある。

起床時間や、朝食のメニュー、部屋の掃除など朝の過ごし方をあらかじめ決めておくことだ。

原口さんがモーニングルーティンを始めた切っ掛けは、とある女優のＳＮＳである。何となくやってみたのだが、確かに一日を気持ちよく過ごせる。

時間ギリギリまで寝る生活を止め、朝食もしっかり摂《と》った。当然の如く、朝から頭が冴える。

おかげで仕事の効率も上がり、残業しなくても良い日が増えてきた。

気持ちの余裕が生まれてくると、部屋の汚さが気になり始めた。正直なところ、ゴミ屋敷になるのも時間の問題である。

本来なら、モーニングルーティンなどは二の次にして、部屋を掃除するべきなのだ。

元々、整理整頓は得意なほうだ。一人暮らしを始めた頃は、もっとシンプルで機能的な部屋だった。

仕事の忙しさを言い訳にしてしまっただけなのだ。モーニングルーティンのおかげで、自分と向き合う切っ掛けができた。

まずはペットボトルを処理し、空き缶をまとめる。以前、習慣で買っていた雑誌を束にして縛る。

これだけで一日掛かった。ベッドとユニットバスぐらいしかなかった居住空間が、徐々に広がっていく。

より一層、生活にめりはりが出てきた。時には、なくしたと思っていた物や、お金なども出てくる。

こうして原口さんは、益々掃除にのめり込んでいった。

休日は簡単な食事だけで済ませ、一日を掃除に充てた。疲れはするが、心地好《よ》く眠れる。

その日も原口さんは、早朝から掃除を始めた。

朝一番の掃除もモーニングルーティンになっている。

最後の難関、魔窟とも言うべき押し入れに立ち向かう。まずは手近にある紙袋を開けてみる。

「何これ」

思わず声が漏れた。入っていたのはドライフラワーだ。かなり古い物らしく、色褪《いろあ》せて白いカビも生えている。

買ったり、貰ったりした記憶がない。首を傾げながらゴミ袋に入れた。

次に手に取ったのはコンビニの袋。やや重みがある。中にあったのは、大きな裁《た》ち鋏《ばさみ》だ。

全体に錆びつき、使えそうにない。これも持っていた記憶がない。

中身を確認しながら、少しずつ仕分けていく。今のところ、全てが自分の物だという気がしない。

ペットフード、焼酎の空き瓶、大人用オムツ、マネキンの首、男性用の下着、ＳＭ雑誌、刃の欠けた出刃包丁。

全て自分には不要の物ばかりだ。

自分以外に、この部屋に入れる者はいない。友達も呼ばないし、両親は来たことがない。

押し入れの上部には天袋があり、誰かが屋根裏から放り込むのも不可能だ。

だとすると、これは全て自分の物だ。けれど幾ら考えても、心当たりがない。

原口さんは得体の知れない不安に襲われながら、押し入れを片づけ続けた。

続々とおかしな物が出てくる。

血液と思しき茶褐色のシミだらけのタオル、何かの動物の牙や骨、大量の髪の毛。

原口さんは小声で呻きながら作業を続けた。

干からびた猫の死体が出てきたときは、さすがに悲鳴が出た。

最後の最後に残ったのは、意外な物だった。高さ十五センチ、幅は十センチ程度の木箱だ。

見事な彫刻が施された蓋を開けると、中に日本人形が入っていた。

溜息が漏れるほど美しい顔である。

不思議なことに、人形の名前が頭に浮かんでくる。

原口さんは、その名前を口にしてみた。

「紗耶香様」

その瞬間、確かに人形が笑ったという。

原口さんは人形が命ずるまま、箱の蓋を閉め、押し入れの奥へ戻した。

折角まとめたゴミを袋から引きずり出し、元あった状態に戻して押し入れを埋めていく。

そうしなさいと紗耶香様が命令するからである。

作業を終え、霧が晴れたように原口さんの記憶が蘇った。

ああそうだ。このゴミ全部、私が持ってきたんだっけか。

全ては紗耶香様の為だ。

ただ、その紗耶香様がいつ家にやってきたかは、どうしても思い出せなかった。
今日も原口さんはモーニングルーティンを行う。
爽やかに出勤して一日を過ごし、時々何か入っているゴミ袋を手に帰宅する。

56

申し訳ない

少し前のことだ。
以前、取材させていただいた高橋さんと久しぶりに出会えた。
高橋さんの体験談を元にした話は、まずまずの好評を博していた。
心からの感謝を伝え、ついでと言っては何だが新しい話がないか探りを入れた。
高橋さんは呆れ顔で私を見つめ、実は――と口を開いた。

高橋さんの友人、加納さんに起こった出来事である。
加納さんは怪談好きで、実話怪談は殆ど読んでいる。
気に入った本は何度も繰り返し読むほどのマニアである。
他人に聞かせたくなるような話に出会ったときは、何日も掛けて暗記するという。
声に出して読んだものを録音し、聞き返してみたりもする。
ある夜、加納さんは例によって大好きな話を読み返していた。
ここはもう少しゆっくり話したほうがいいな。

ここは声を張ったほうがいいか。

色々と試すうち、真夜中になってしまった。

読んでいた本を本棚に戻し、トイレに向かう。

部屋に戻った瞬間、加納さんは異様な臭いに気付いた。

何だこの臭いは。

何かが腐ったような臭いだ。

肉とか野菜ではない。

以前、海水浴に行ったときに砂浜で見つけた魚の臭いに似ている。

間違いない。

腐った魚の臭いだ。

とはいうものの、原因になるような場所が思い当たらない。

ここは一軒家の中の自室である。室内に水回りは一切ない。部屋の壁や天井裏を通る配管もない。

近所に池も川もない。ここ最近、母が作る料理は肉がメインで、魚は見ていない。

とりあえず、加納さんは鼻を頼りに部屋を調べ始めた。

窓に近づくと臭いがキツくなる。

もしかしたら、窓を閉め忘れたかな。
何処からか漂ってきた臭いなのかもしれない。
何とか納得できそうな答えである。
加納さんは勢いよく窓のカーテンを開けた。
そこに女が立っていた。
辛うじて人型と分かる黒い塊である。それなのに、何故だか女だと分かる。
確かに怪談は好きだが、実際に見たのは初めてだ。
怪異に出会った瞬間、自分がどうなるか想像したこともなかった。
加納さんは、きぇぇっと剣道の気合いのような悲鳴を上げ、その場に座り込んだ。
その声に驚いた母親が部屋のドアを開けると同時に、女は消えたという。
「何よあんた、この臭い。生臭っ！」
母親が窓を開けようと近づいた。
「臭いが消えたらさっさと寝なさい。ああもう、こんな所に気持ち悪い本置かないで」
母親が拾い上げた本は、先程まで加納さんが読んでいた怪談本であった。
間違いなく、本棚に戻したはずである。
それからは、その本だけは読まないようにしているという。

「へぇー。それ、誰の何ていう本ですか？」

高橋さんは、またもや呆れ顔で私を見つめた。

「何言ってんのよ。あんたの本！」

本の名前は書かないでおく。

宿り木

それを見かけたのは、犬の散歩の途中だった。
何となく、違う道を歩いてみたくなり、いつもとは逆のほうへ足を向けた日のことだ。
夕暮れ時の美しい街並みに誘われて進んでいくうち、見慣れない通りに出た。
そろそろ戻ろうかとしたとき、妙なものを見つけた。
どう見ても一般の民家なのだが、玄関先に鐘つき堂がある。
本来なら、お寺などにあるのが普通だ。
いわゆる鐘楼というものである。
何か由来でもあるのだろうかと辺りを見渡す。
民家の横手に細い路地がある。
奥に大きな木がそびえていた。
夕陽を背おい、黒く禍々しい影となっているのだが、その影に違和感を覚えた。
四方八方に伸びた枝の所々が丸く膨れ上がっている。
確認しようとしたのだが、何故だか犬が怯えてしまい、歩こうとしない。

仕方なく、手近の木に繋ぎ、一人だけで向かった。

二十メートルほど進むと、全貌が見えてきた。

名前は知らないが、かなり大きな木だ。

やはり、先程見たように枝の所々が丸く膨れている。

葉っぱでできた鳥の巣のように見える。明らかに、本体の木とは違う種類の葉だ。

面白いものを見つけたと喜んだ私は、早速スマートフォンで撮影した。

その夜、画像をＳＮＳにアップした途端、フォロワーの人達から苦情が殺到した。

この画像を見たら鼻血が出た。

スマートフォンがフリーズした。

見ただけで分かる、ヤバい奴だ。

慌てて削除し、もう一度画像を確認してみた。確かに禍々しい雰囲気である。

だが、見ただけで何かを起こしてしまうなど考え難いことだ。

日を改め、じっくりと観察してみるかなどと呑気に構えていた。

次の休日、私は朝から現地に向かった。明るいうちに見たほうが分かると思ったからだが、正直なところ、夜行くのは怖かった。

改めて見る木は、やはり異様な姿だった。見落としがないように、連写モードと動画で撮影する。周辺の状況も共に撮影した。

事前に調べたところによると、宿り木という植物らしい。他の木に寄生し、栄養と水分を貰って育つ。

自らも半分程度は光合成を行うとある。

この前は暗かった為によく分からなかったが、木の周りも妙な光景だった。

膝ぐらいまでの雑草が生えているのだが、その全てが宿り木の反対側に向かって伸びている。

宿り木を中心にして、放射状に広がっているのだ。

木の背後には民家がある。朽ち果てた外見ではあるが、住人がいるかどうかは分からない。

家の周りは竹藪だが、その竹も宿り木から逃げるような方向に伸びていた。

表札の横に、墨で書かれた看板らしき板がある。達筆すぎて読めそうにない。

これも写真に撮りたいところだが、景色ならともかく、個人の家を無断で撮影する行為は褒められたものではない。

できるだけ正確にメモ帳に模写した。描き終え、ふと視線を感じた私は顔を上げた。

玄関に人がいるようだ。扉のすりガラスに顔を押し当て、こちらを凝視している。

私は慌ててその場を離れた。何をしているのかと問われても、宿り木を撮影しに来ましたとしか言えない。

不審者扱いされても文句は言えない状況であった。

帰宅した私は、先程撮影した画像を調べてみた。色調や彩度を変えるうち、妙なものを見つけた。

宿り木を連続撮影した中の一枚に、人間の顔が写っていたのだ。

大きさは丁度、宿り木と同じぐらい。目を閉じた男の顔だ。

しばらく眺めていて、もう一つ気付いたことがある。

宿り木が時々動いているのだ。といっても、何十センチも動くわけではない。

じわじわと向きを変え、日に数センチ動けば良いほうだろう。動画や写真を沢山撮って初めて分かる動きだ。

その夜、私は夢を見た。全ての宿り木が人の生首に変わり、何事か話しかけてくる。

その言葉がどうしても聞き取れない。

ただ、あまり良いことを言っていないのは分かった。

うなされながら目覚めた私は、宿り木のある方向を何げなく見た。

これ以上深入りしてはならない気がする。何がどうと言うのではなく、本能的にそう感じる。

ところが馬鹿なことに、私はまた見に行ってしまった。

周辺の人達は普通に暮らしているのか知りたかったのだ。いつかこの好奇心に殺されるだろうなと苦笑しつつ、現地に到着。

路地の入り口にある民家を観察する。どうやら普通の家のようだが、お寺らしい。だからこそ鐘楼があるのかもしれない。

あまりにも熱心に見ていたせいか、家の人に声を掛けられてしまった。

作家をやっており、この辺りを取材している。決して怪しい者ではないと答えると、興味を持たれたようだ。

お茶を勧められた。

「もしかしたら、あれですか。この先にある家を見に来られたとか」

図星である。そう訊いてくるということは、何かあるわけだ。

家人曰く、あれは昔、病院だったとのことだ。

精神を病んだ人を専門に看るというか、隔離しておく為の場所であった。

「あの家の前に大きな木があるでしょう、あれは昔、あんな木じゃなかったのよ。あの家ができて、中で人が死ぬ度に宿り木が付いて、あんな形になったのよ」

この家は、その人達の供養の為に、臨時の寺として作られたという。

「というか、本来の目的は封じ込め。何をどうやって封じるか知らないけど、あの鐘楼があるうちは大丈夫って」

家人に承諾を得、鐘楼を間近に見せてもらった。鐘楼の表面に、あの家の表札の横に掛けてあった看板と同じ文字が刻まれてある。

何と読むのか訊いてみたが、分からないと言われた。

礼を言い、路地を進もうとする私を呼び止め、家人は忠告してくれた。

宿り木に触れてはならない。枝や葉が落ちてくるときもあるから、絶対に避けること。

それと今、家は誰もいないが、中に入らないように。

分かりましたと答え、歩き出して気付いた。

家は誰もいない。ならば、この前見た玄関の人は何だ。すりガラスに顔を押し当てていた人は誰なんだ。

一旦歩みを止める。いざという時は全力で逃げ出せるようにアキレス腱を伸ばし、私は宿り木を目指した。

正体を聞かされてから見る宿り木は、一層不気味に見える。

人が死ぬ度にできたということは、一、二、三——全部で十三人か。

これって人が死ぬ度にできるんじゃなくて、これができる毎に人が死んだったりして。

そう呟いた瞬間、宿り木の一つが枝を離れ、真っ逆さまに落ちてきた。

咄嗟《とっさ》に飛びのいて避ける。先程アキレス腱を伸ばしておいた甲斐があった。

「くそっ」

小さいが、誰かが罵る声がハッキリと聞こえた。

声がしたのは、目の前の家だ。この前と同じように、玄関のすりガラスに人の顔が押し当てられている。

怪談の師匠から、常日頃聞かされている言葉が頭を過《よ》ぎった。

「ヤバいときは全力で逃げてください。命を大切に」

私は振り返りもせずに全速力で逃げた。


あれから十年近くの年月が流れた。

幸いにも私はまだ生きている。この間、久しぶりにあの鐘楼を見に行った。

勿論、路地には入るつもりはない。

近くまで行って、私は立ち竦んだ。

鐘楼がなくなっている。寺も表札を外され、空き家になっている。

というか、この辺りの家が殆ど無人になっていた。

いったい何が起こったのか、起ころうとしているのか、残念ながら私の取材力では太刀打ちできそうもない。

今できることは、自宅の庭の木に、宿り木が寄生しないよう見守るだけだ。

軽トラ

その日、菅沼さんは友人の桜井と坂口を乗せて夜のドライブに出かけた。

特に目的地を決めずに、適当に車を走らせる。心霊スポットに行こうと言い出したのは桜井だ。

昨日、テレビで心霊番組をやっていたらしい。

とりあえず、とある山に向かう。

坂口の記憶によると、集落があるはずだという。

ツーリングの途中に見かけたとのことだ。

暗い道を進んでいくだけで、何となく気分が盛り上がっていく。

十時を過ぎているせいか、行きかう車はない。

目的地が見えてきた。

住宅どころか街灯すらない環境で見る山は、真っ黒な塊だ。

試しにヘッドライトを消してみたら、驚くほどの闇であった。

これはいい、堪らんよなと軽口を叩きながら車は山道を登っていく。

峠を一つ越えた所に、軽トラが一台止まっていた。進むには邪魔にならない位置だが、念のため徐行で通り過ぎる。

車体は錆びつき、フロントガラスも割れている。運転席にも荷台にも蔦《つた》が絡まり、廃棄されているのは明らかだ。

坂口が、記念にと言ってスマートフォンで撮影した。

車は尚も進み、ようやく集落が見えてきた。

集落といっても、あるのは家が三軒。

当然ながら、全ての家に人が住んでいる気配はない。いつ倒壊してもおかしくない状態である。

菅沼さんは、車から懐中電灯を取り出した。

慎重に歩を進め、手近の家に向かう。

玄関の木戸は二、三度揺すると外れた。中は埃とクモの巣だらけだ。

家財道具はそのままである。居間に出しっ放しのコタツには、古い新聞と湯飲みが置いてある。

他の部屋も似たり寄ったりだ。不気味な要素など一つも見当たらない。

単なる空き家だった。

怖い目に遭いたいわけではないが、何か少しぐらいは起こってほしい。

「写真撮ってみるか」

全員がスマートフォンを手に、それっぽい場所を撮り始めた。

仏壇、トイレ、風呂場、押し入れ。撮影してはその場で確認する。

「何もないね」

「オーブぐらい写んねぇかな」

これ以上の滞在は時間の無駄だ。既に三人の興味は、帰りに何を食べるかに移っている。

来た道を戻り、軽トラを通り過ぎてしばらく進んだところで、坂口が妙な声を上げた。

「あれ？　気のせいかな。今の軽トラって、村のほうを向いてたよな」

「それがどうした」

坂口は返事もせずに、自分のスマートフォンを操作している。

「あった。ほら、これ。最初に見たとき、ケツのほうが村に向いてる」

車を止め、菅沼さんと桜井も覗き込む。

確かに、坂口の言う通りだ。

最初に見たときと、さっきとでは正反対の方向に向いている。誰かが動かしたとは考え難い。

運転席にも助手席にも蔦が絡まり、乗り込むのも難しそうだ。

もう一度戻って確認してみたいが、Uターンできる余地がない。

土産話ができたのだと納得し、菅沼さんの車は山を下った。

町に向かう途中、コンビニが見えてきた。トイレ休憩に丁度良い。ついでにコーヒーを買い、三人は外で煙草を吸い始めた。

星空のもとで煙をたなびかせていると、坂口が妙な声を上げた。

「え。嘘。おい、あれ見ろよ」

坂口が指さす先に軽トラが止まっている。錆びついた車体、蔦の絡まる運転席、割れたフロントガラス。

山道で見かけた軽トラだ。

「あとを付けてきたのかな」

「いや、あれ走らねぇだろ」

桜井がコンビニの店員に訊きに行った。近所の住人が駐車場代わりにするらしく、何度か注意はしているそうだ。

ただ、あの軽トラは初めて見たという。

軽トラなど、何台でも走っている。けれども、ここまでの条件が揃うとなると話は別だ。

三人は黙り込んだまま、車に戻った。

とにかく飯を食べに行く。それのみに集中し、車はファミレスに到着した。

広い駐車場には車が四台止まっている。いずれも普通の乗用車だ。軽トラはない。

それだけで何となく気が軽くなり、食事が終わる頃には撮影してきた画像を見直す余裕も出てきた。

それぞれが自分のスマートフォンを調べたが、やはり怪しげなものは何も写っていない。

最後に坂口がもう一度、軽トラの画像をじっくりと調べ始めた。

色調を補正し、拡大してみたがおかしなところは見つからなかった。

勘定を済ませ、表に出た途端、坂口が立ち止まった。

「マジか」

一言だけ呟いたまま、動こうとしない。その理由はすぐに分かった。

自分達の車の真横に、あの軽トラが止まっている。

玄関を塞ぐ三人を迷惑そうに横目で睨みつけながら、中年夫婦が店に入った。

「とにかく帰ろう」

「できるだけ遠回りしたほうがいいんじゃないか」

小声で相談しながら車に向かう。

軽トラに近づくのは嫌なので、全員が右側から乗り込む。

走り出す車から、坂口が軽トラを撮影した。

むしろ、異様なものが写ってくれていたほうが納得できるのだが、状態に変化はない。

時折、路肩に止めて後方を確認しながら進む。町の中心部に向かいながら、三人は知恵を出し合った。

どういうことか分からないが、軽トラが付いてきているのは確かだ。

目的も方法も分からない以上、できる対策は一つ。三人がバラバラに逃げることだ。

桜井と坂口は町中でタクシーを拾って帰る。菅沼さんは駅裏にあるタワー型の駐車場に入れる。

それならば、軽トラにはどうしようもないはずだ。

まずは桜井が降りた。続いて坂口。二人とも真剣な顔つきで別々の方向へ歩き出す。

菅沼さんは二人を見送ってから、駅裏に向かった。

駐車場に車を入れ、自らもタクシーを拾う。

無事、自分の部屋にたどり着いたとき、思わず大きく溜息を吐いた。

翌朝、坂口が電話を掛けてきた。メールを送るから見てくれという。

届いたメールに添付された画像を見て、菅沼さんは呻いた。坂口の家の前に、あの軽トラが止まっている。

再度、電話が掛かってきた。

「俺、決めたわ。とりあえずこいつが動くかどうか調べてみる」

菅沼さんが、警察に届けろと言っている間に電話が切れた。

それっきり、坂口は消息を絶った。

最後に行動を共にしたということで、菅沼さんも桜井も事情を訊かれた。

軽トラのことは言っても無駄なような気がしたため、伝えていない。

桜井は、もう一度あの山に戻って軽トラを調べるべきだと主張した。

菅沼さんが躊躇《ちゅうちょ》している間に、桜井は一人で向かったらしい。

今から向かうとメールを送ってきてから、連絡が付かない。

一時間後、桜井が再びメールを送ってきた。画像を開いてみる。

予想通り、軽トラの画像だ。

その荷台に半透明の坂口が乗っていた。

桜井も連絡が付かなくなった。自宅にいるのは間違いない。

いきなり引きこもった息子を心配した桜井の母親から、心当たりがないか相談を受けたのである。

いったい何が起こったのか、これから何が起こるのか、自分達が何をしたというのか。

一切分からない。

今日も菅沼さんは不安とともに過ごしている。

旅は道連れ

結城さんは今年、住所を失った。

新型コロナウイルスの影響で、派遣の仕事を切られたのが原因だ。

何とかしようとあがいてみたのだが、六十七歳で何の資格もない男を雇ってくれる業種は少ない。

膝と腰に爆弾を抱えた身では尚更である。

不幸中の幸いは年金が入ることだが、今のままでは半分以上が家賃になる。

ここに来て結城さんは気持ちを固めた。家を捨て、車で暮らしていく。

このときは、住所をなくすことがどれほど大変か想像できなかったという。

車上生活を始めた頃は楽しかった。もう家賃に悩まなくてもいいと思うだけで気が楽だ。

元々、人付き合いが苦手なほうである。派遣で働いていた頃も、昼休憩は一人で過ごしていた。

結城さんにとって、車上生活は人生の最後に向かう旅のようであった。

使うのは、食費とガソリン代ぐらいのものだ。いざという時を考え、携帯電話だけは持っているが、滅多に使わない。

十分、年金で回せる生活である。時折、気分晴らしにドライブをするぐらいだ。

ただ、普段はガソリン代の節約の為、むやみやたらと走り回るのは避けた。

駐車料金が取られないショッピングモールや、道の駅で休憩していたのだが、長期に亘ると警備員や保護団体に声を掛けられてしまう。

特に面倒なのは保護団体だ。親切心でやってくれているのは分かるが、元通りの生活に戻れるとも思えない。

考えた挙句、結城さんは通行量の少ない山道で寝ることにした。

パトカーが巡回してくる可能性もなくはないが、捕まるような罪は犯していない。

来るなら来てみろと虚勢を張り、結城さんは車を路肩に駐めた。

簡単な物なら自炊できるような道具は揃えてある。カップ麺と見切り品のおにぎりで夕食を済ませた。

就寝する前に小便を済ませておこうと車外に出る。

星空を見上げながら用を済ませ、車に戻ろうとして結城さんは気付いた。

誰かが車に乗っている。若い男のようだ。助手席に座り、ぼんやりと前を見ている。

結城さんは自らの行動を反芻《はんすう》した。小便に出たとき、ドアは閉めた。開けっ放しだと寒いし、蛇や虫が侵入するかもしれない。

そう思ったから、きっちりと閉めたのだ。

物音一つ立てず、ドアを開けて乗り込めるだろうか。とにかく話をしなければ。

結城さんは近づき、助手席側の窓をノックした。男は結城さんに軽く頭を下げ、窓から顔を出した。

文字通り、窓から顔を出したのである。ただし、窓ガラスは閉まった状態で。

思わず後退りする結城さんの目の前で、男はするりと車から抜け出した。

今しかない。結城さんは慌てて車に乗り込み、その場から離れた。

近くの町に入り、明るい街灯の下で車を停め、ようやく今の出来事を振り返ることができた。

あのようなものを見たのは初めてだ。あんなにハッキリと見えるものなのか。

「大丈夫かな、呪われたりしないかな」

思わず声に出した瞬間、隣で咳払いがした。見ると、先程の男が座っている。

結城さんは逃げようとしたが、シートベルトが上手く外せない。その様子を見ていた男は、詫びるように頭を下げ、消えてしまった。

その夜、結城さんは駅前のロータリーで朝を迎えたという。

男はそれからも頻繁に姿を現した。どうやら結城さんの車が気に入ったようだ。現れたからといって、何かする様子はない。妙なことに結城さんも、いつの間にか男の存在に慣れてしまった。

食事代が必要なわけでもなく、何か文句を言うでもない。

話しかけても返事はしないが、気休めにはなる。このまま一緒に旅をするのも良いかとさえ思えてきた。

ある日のこと、いつものように山道に車を止め、食事を済ませた結城さんは、車の横に立つ女に気付いた。

こんな夜中の山道で、何をしているのだろう。もしかしたら、何かの事件に巻き込まれたのだろうか。

結城さんは話しかけようとして窓を開けた。その途端、女は一瞬にして消えてしまった。

「うわ。なぁ、今の見たか」

例によって男に話しかける。いつもなら返事がないのだが、このときは違った。

後部座席から溜息が聞こえたのである。

バックミラーで確認すると、先程の女が座っていた。

こうして旅の道連れは二つになった。

今でも結城さんは車上生活を続けている。新型コロナの終息は見えてこない。社会が元通りに安定し始めたとしても、一旦失った住所を取り戻すのは不可能に思える。ちなみに今、道連れは四つになったそうだ。

見えない人

小橋さんが、その女性を最初に見かけたのは二年前のこと。

当時、就職して親元を離れた小橋さんは、新居を探していた。

条件としては職場の近くで、繁華街にもすぐ行ける場所。

熱心に探し回ったおかげで、希望通りの部屋が見つかった。駅から徒歩圏内の１ＤＫだ。

引っ越し後、最初の夜。

小橋さんは、ふと目が覚めた。枕元のスマートフォンは二時十五分、外は雨のようだ。

目覚めたついでに、トイレに立つ。用を足し、ベッドに戻ろうとして気付いた。

寝る前に閉めたはずのカーテンが開けられている。

窓際に誰か座っているのが見えた。女性だ。横顔しか見えないが、小橋さんと同年代に見える。

警察に通報する為には、枕元のスマートフォンが必要だ。小橋さんはそろそろとベッドに近づいた。

あと数歩というところで、足が触れてゴミ箱が大きな音を立てた。

驚いた女性が振り向く。やはり若い女性だ。目鼻立ちがすっきりとした美人である。

悪人には見えない。小橋さんは思い切って声を掛けた。

「あの、あなた誰ですか。何か用事ですか」

ところが、女性には聞こえなかったらしい。怖がる様子を見せ、まだきょろきょろと辺りを見回している。

何度か目線が合ったはずなのに、小橋さんの存在に気付いていない。

様子がおかしいと感じた小橋さんは、静かに相手を観察し始めた。

もしかしたら、危ない人かもしれないと思った上での行動である。

女性は、ぼんやりと外を眺めている。五分ほど経過しただろうか、彼女はゆっくりと立ち上がって玄関に向かった。

すぐ側を通ったのだが、やはり小橋さんには見向きもしない。

ドアノブを握りかけ、女性は身動きを止めた。どうやら、ノブが掴めないようだ。

何度もやってみるが、どうしても掴めない。

自分の右手を見つめ、しばらく黙っていた女性は、両手で顔を覆った。

そしてそのままの体勢で少しずつ身体が透けていき、消えてしまった。

いったい今のは何だったのか。幾ら考えても答えは出ない。一睡もできないまま、小橋さんは朝を迎えた。

陽の光が差し込む部屋は、清々しさに満ちている。おかしなことが起きるような場所には思えない。

だが、その後も女性は現れた。そのうち、現れる条件が分かってきた。

雨が降っていること。金曜日の二時十五分。この二つを満たすと、必ず現れる。

小橋さん自身も何故か目覚めてしまう。

そのせいか、夜中に目覚めた時点で予想できるようになった。

確認するのが面倒な為、最近はそのまま二度寝を始めるという。

そこまで慣れてしまった小橋さんだが、一つだけ気になることがある。

こういった存在は、目撃者を怖がらせたりするのが普通だと思う。

だが、この女性は目を合わせようともしない。というか、こちらが見えていないようだ。

声は聞こえないが、音は聞こえる。

これでは、まるでこちら側が幽霊ではないか。

もしかしたら、霊が見える人間と見えない人間がいるように、人間が見えない霊もいるのではないか。

小橋さんはそれを結論にした。

女性がどういう経緯で死んだのか、何故この部屋に現れるのか、そういったことは一切分からない。

ここまで思いを残す何かがあったんだろうと推測するぐらいだ。

このまま放置しておくのは不味いのではないかとは思う。ただ、除霊しなければならないほどの実害はない。

事故物件と騒ぐような出来事ではないのだ。

恐らく、今までにこの部屋に住んでいた人達も、そう判断したのだろう。

今現在も、女性は雨の金曜日に外を見つめている。

消滅の森

何年か前の夏のことだ。

今田さんは久しぶりに中学の同窓会に出席した。

帰省したついでだが、旧友達に会えるのはやはり楽しみである。

皆それぞれ歳相応に老けているが、懐かしい面影は残っている。

当時、常に行動を共にしていた友人の田坂が満面の笑みで近づいてきた。

互いの近況を語り合ううち、とある同級生の話題になった。

名を工藤という。

工藤は両親に死に別れ、祖父母に育てられたせいか、物静かな少年であった。

工藤には奇妙な趣味があった。町外れにある森でのキャンプである。

最初の頃、祖父母は当然ながら反対したのだが、悪い遊びを覚えるよりマシだと判断したらしい。

工藤曰く、夜の森は静かなようで生き物の気配に満ちており、怖くも何ともないそうだ。

今田さんはアウトドア活動には全く興味が持てず、話を聞くだけであった。

何度目かの会話で、今田さんは工藤の本当の気持ちを知った。

森でキャンプするのは、いつ死んでもいいと思っていたからだ。

むしろ、早く死んで両親に会いたいと工藤は呟いたのである。

そのような理由を知ってしまった以上、尚更一緒に行けなくなった。

「工藤さ、今でも森に行ってんだよ」

工藤は一年の半分をアルバイトに充て、残り半年を森で暮らしているのだという。

今田さんは心底から呆れた。

同級生達は四十歳を迎え、家庭を持つ者が殆どである。それなのにまだそんなことをやっているのか。

そもそも、どうやって半年も森で暮らしているのか。

もっともな質問に田坂は困ったような顔で答えた。

「森の中に集落を見つけたんだとさ。工藤はそこで仲間として過ごしている。少なくとも本人はそう言っている」

田坂はネットで周辺一帯の地図を検索してみたらしい。一時期の乱開発のせいで、森は小さくなっている。

集落などがあればすぐに分かるはずだが、それらしきものは見つけられなかった。

これを突きつけたらどうなるか興味を覚え、周辺の様子を画像にして工藤に詰め寄ってみたそうだ。

すると工藤は、鞄から数枚の写真を取り出した。

集落の人達には内緒で撮ったらしく、いずれも焦点が合っていないが、確かに村らしきものと人が写っている。

全員が奇妙な形の白い服を着ていた。理由は分からないが、関わりを持ってはならない集団に思えたという。

その一件以来、田坂は工藤と疎遠になった。今でもメールは来るが、それだけだ。

町で見かけても挨拶すらしない。

「最後に姿を見たのが今年の春。あと二カ月後ぐらいかな、出てくるのは」

それで話は尽きた。二次会でも三次会でも、工藤が話題に上ることはなかった。

その日から丁度二カ月後、田坂から連絡が入った。

久しぶりに工藤からメールが届いたのだが、その内容が異様だというのだ。

田坂から転送されてきたメールは、確かに尋常ではなかった。

『今日、家族ができた。俺はここで暮らしていく。楽しいぞ、ここは。お前も来ないか』

本文はそれだけだ。が、添付されている動画が強烈だった。

工藤の顔は髭に覆われていたが、すぐに判別できた。

工藤の周りには木で作られた大きな十字架のようなものが何本も立っている。

工藤は自身の隣にある十字架を撫でながら、こう言った。

「紹介するよ。これが家内だ。沙奈枝という。お腹には俺の子がいる」

工藤は次々に十字架の紹介をした。親戚一同が集まっているらしい。

動画が切れる寸前、工藤の背後にいきなり女が映った。臨月の妊産婦のように大きな腹だった。

田坂は様子を見てくるという。今田さんが引き留めても無駄であった。

二週間後、田坂からメールが入った。件名は空のままだ。

開けると、本文は一行だけ。

『俺にも家族ができた。ここはいい。皆、お前を待ってる』

同じように動画が添付されていた。

田坂は工藤と肩を組んで写っている。その周りに沢山の十字架が立っている。

何本かの十字架には、白い服が着せてあった。

その間を縫うように女が歩き回っている。何度か十字架にぶつかっているのだが、女は風のようにすり抜けていた。

その後、メールは一度も届いていない。

工藤はともかく、田坂は家族持ちだ。どうなっているか気にはなるが、今田さんは調べてはいない。

時折、二人とも夢に出てくるからだ。

夢の中で二人は、沢山の人とともに農作業をしている。

声や音は聞こえないが、楽しげな様子が見て取れた。

羨ましいと思うこともあるが、今田さんは参加する気はないそうだ。

森を含む周辺一帯が、再開発の対象だと聞いたからである。

森が消滅したとき、あの村が無事のままとは思えない。

何とかしてそれを伝えたいのだが、一方通行の夢ではどうしようもないという。

助っ人参上

美幸さんは今年の春、母親になった。

産まれた子は三千六百グラムの男の子だ。夫の義一は、小林家はこれで安泰だと歓声を上げた。

入院中、のんびりと過ごしたかったのだが、義母は朝から晩まで居続けた。

授乳のとき以外は部屋のソファーに陣取り、ひっきりなしに訪れる親戚と世間話を交わす。

出産直後の母親を労わる気がないらしい。

実家に戻れば、少しは母に甘えられるはずだ。それだけが微かな希望である。

助産婦に赤ちゃんを頼んで、少し眠りたかったのだが、義母がそれを許さなかった。

母親に抱かれて眠るのが、何よりの育児だと熱弁を振るったのだ。

結局、美幸さんは体力を回復できずに退院の日を迎えた。

迎えに来た義一は、写真ばかり撮っている。ふらつく美幸さんに気が付かないようだ。

このときから既に、美幸さんは嫌な予感がしていた。

その予感は帰宅してすぐに実現する。

義一は建設関連の会社を経営している。

祖父が立ち上げ、父が大きくした会社だ。義一自身は何もしていない。

そのせいか、人の苦労や努力が理解できない。できて当然、できない奴は馬鹿と公言して止まない。

自分がどう思われているか知ろうともしない。

法事などで親戚が集まる場所に陰口は付き物だ。義一が何と言われているか、美幸さんは耳にしたことがある。

「義一はダルマの置物だな」

棚の上で大切にされているが、中身は空っぽで、難しい仕事には手も足も出ないという意味らしい。

聞いたときは憤りを覚えたものだが、確かにその通りだ。

育児に関しても義一はダルマそのものであった。自分では何一つ手伝おうとしない。

その癖、スマートフォンの待ち受け画面は笑顔の家族写真だ。

赤ん坊が泣いていても迷惑そうに顔をしかめ、美幸さんを呼ぶ。

お風呂に入れてあげてと頼んでも、僕は不器用だからと断る。

義父母も含めた全員分の食事を作るのも美幸さんの役目だ。

食事の手を止め、ミルクをあげていても、誰も代わってくれない。

皆、自分が食べ終わると同時に、さっさと自室に戻ってしまう。

一人残された美幸さんは、まともに食事を摂れない。

夜泣きの相手も美幸さんだけだ。義一は、そもそも別室で映画を観ているか、眠っているかだ。

どうかすると、外泊する日もある。

義父は、育児と家事は女の仕事と言い放ち、義母も頷き、私はそうやって義一を育てたと自慢げに胸を張る。

楽しみにしていた里帰りも、義母と義一からやんわりと禁止された。

食事も睡眠も不足し、美幸さんは心身ともに追い込まれた。


その夜も夜泣きで目が覚めた。

しばらくぼんやりと泣き声を聞く。この子は何でこんなに泣くのだろう。

泣き止むスイッチとか付いてないのかな。夜の間だけ、パチって切れたら楽だろうな。

怖い妄想が浮かびそうな頭を振りながら、千秋さんはベッドに座った。

顔を上げて驚いた。ベビーベッドの側に誰かがいる。

女だ。何処かで見た覚えがある。

「あの……どなたですか」

女は静かに振り向いた。見覚えがあって当然だ。そこにいるのは自分自身であった。

髪型や顔立ちは勿論、着ている服や履いているスリッパも同じだ。紛うことなき自分の分身である。

美幸さんが見ている前で、分身は赤ん坊をあやし始めた。

しばらくして、赤ん坊は穏やかに眠りに就いた。その姿に小さく頷き、分身は徐々に薄くなって消えた。

おかげで、美幸さんは久しぶりに熟睡できたという。

それからも分身は現れた。特に助かるのは夜泣きの相手である。

昼間、洗濯物を干しているときも赤ん坊を見ていてくれる。その間、美幸さんは安心して家事に専念できた。

いつの間にか美幸さんは、分身に話しかけるようになった。

その日あったことや、義母や夫への愚痴を言う。それだけで気持ちがとても楽になる。

ある夜のこと。

いつものように愚痴を聞いていた分身が、初めて返事をした。

「分かった。何とかするね」

そのときから分身は現れるパターンが変わった。

一日中、義父の背後に立ち、睨みつけるようになったのだ。

元気一杯だった義父は徐々に体調を崩し、ある朝、便所で倒れてそのまま帰らぬ人となった。

次に分身が立ったのは、義母の背後である。同じように睨みつけ、時々、後頭部に指先を差し込んでいる。

義母は物忘れが酷くなり、日常生活が営めなくなった。

さて、これはどうしたものかと悩む必要はなかった。

義一はそんな母親をさっさと見限り、介護施設に放り込んだのである。

義母は自分自身を取り戻すことなく衰弱死した。

分身を止められるのは美幸さん自身だ。その機会は何度でもあった。

けれども美幸さんはそうしなかった。

「暮らしが楽になったのは事実だし、育児が忙しくてそれどころじゃなかったし」

美幸さんには笑顔が戻り、赤ん坊も健やかに育っている。
今度、母子二人で旅行に行くそうだ。
そんな楽しい日々にも拘わらず、分身は未だに消えていない。
今は、義一の背後に立っている。

三角関係

何年か前の話だ。

大学に合格した尚美さんは、親元を離れて念願の一人暮らしを始めた。

大学近くの不動産屋で紹介してもらったハイツは、新築の１ＤＫ。

スーパーマーケットも病院も、美味しそうな店も近くにありながら、家賃は平均並みである。

巡り合わせてくれた幸運に感謝し、尚美さんは新生活を楽しんでいた。

暮らし始めて二週間目。

高校時代の親友、有希さんが泊まりがけで遊びにきた。

有希さんも大学生になったのを切っ掛けに、一人暮らしである。

お互いに得意な料理を作り、ささやかなパーティーが始まった。

点けっ放しのテレビでは心霊現象の特別番組をやっている。

尚美さんと有希さんは、鼻で笑いながら見ていた。

「逃げながら撮影するのっておかしくない？」

「はい来た。一度いない場所に次は立ってるってパターン。しかも全員長い髪で白いワンピ」

一々突っ込みながらお菓子を摘まむ。何とも楽しい時間である。

テレビの中でも似たような場面が流れている。

引っ越したばかりのアパートで、仲間が集まって飲み会をしているようだ。

中の一人が、その様子をビデオカメラで撮影している。

「飲み会って撮影する？　あとで見返して楽しかったねぇーとか」

「どんだけ暇なのよ。あ、ほら。多分、このクローゼットに出るよ。長髪白ワンピ」

散々馬鹿にしながら、二人は最後まで見てしまった。

ところで、と有希さんが部屋を見回した。

「この部屋は大丈夫なの？」

「新築。部屋代も普通。住んで二週間何もなしっ！」

即答である。

「何なら、さっきの番組みたいに撮影してみる？」

二人はわざと不安な顔をして、適当な会話を交わしながらスマートフォンで撮影した。

クローゼット、風呂場、台所、天井からベランダに至るまで念入りに撮っていく。

こんなものでいいかと再生開始。

当然の如く、何も異変はない。互いの恐ろしげな顔がやたらとおかしく、二人とも涙を流しながら笑った。

二日後。

有希さんから連絡が入った。

この間撮影した動画を今すぐ見てとある。

何のことだ。この間、撮ったばかりの動画を二人で確認したではないか。

不安になりながら再生してみる。

特におかしなところはない。あの日に確認したときと同じだ。室内を一回りして、テーブルまで戻り、有希のふざけ顔を撮っている。

その後、哲也が「お分かりいただけただろうか」と決め台詞を言って終わりだ。

何処が問題なのかと返事を送る。折り返し、すぐに電話が掛かってきた。

「尚美さぁ、哲也と別れたんじゃなかったっけ。哲也、私と付き合ってんだよ」

「そっちこそ、もう逢わないって言ってたじゃん」

口喧嘩寸前まで言って、両方が同時に気付いた。

哲也って誰だ。

一旦、電話を切って再確認してみる。

やはり男がいる。当然のように二人の間で爽やかに笑っている。

自分達と同年代と思われる。白いシャツとカーゴパンツ、ごく普通の若者だ。

何故、あのときは気付かなかったのだろう。

それと、こいつは誰なんだ。何故、哲也と分かるんだ。

知らないはずなのに知っているのは何故なんだ。

わけが分からなすぎて、尚美さんはその日、有希さんのアパートに泊まった。

二人で何度も映像を確認する。有希さんも尚美さんと同じであった。

知らないのに知ってる。何処かで出会い、共に過ごした気がしてならない。

翌日、自分の部屋に戻り、恐る恐るドアを開ける。がらんとした部屋には、誰もいない。

このまま暮らしていても良いのだろうか。何か起こる、或いはもう起こっているのか。

結局、何一つ解明できないまま、尚美さんはその部屋を解約した。

その後は学生寮に移ったという。

事情聴取

須藤さんは高校時代、酷いイジメに遭っていた。

イジメの中心にいたのは有山という女子である。有山は一見おとなしそうな風貌だが、繁華街で遊び回っていると噂されていた。

春休みの最終日、須藤さんは有山を繁華街で見かけた。大好きなアニメグッズを買った帰り道である。

有山は、普段とはまるで違う派手な格好で悪そうな男達に囲まれ、嬌声《きょうせい》を上げている。

驚きはしたものの、元々関わりの少ない相手だ。須藤さんは顔を反らして駅に向かった。

その様子を有山に見られていたらしい。

翌日、登校した須藤さんは有山に呼び出された。昨日何処にいたか訊かれ、正直に答えると須藤の顔つきが変わった。

鋭い目で須藤さんを睨みながら、有山は言った。

「お前、潰すから」

イジメが始まった瞬間であった。

驚いたことに、クラスには有山の信奉者が何人もいた。ある意味、カリスマ性があったのだろう。

最初は全員からの無視に始まり、ありとあらゆるイジメが須藤さんに降り注いできた。質の悪いことに、肉体的な傷や物品の損傷など、証拠になるようなことはしない。あくまでも精神的なダメージを狙い、人格を壊そうとするものばかりだ。

有山が広めた噂により、須藤さんは援助交際と万引きの常習者に仕立て上げられていた。そんな事実がないのは調べれば分かる。事実、学校側は根も葉もない噂として処理している。

だが、それは火に油を注ぐ結果となった。学校側は世間体があるから内緒にしているだけであり、あいつは間違いなくやっている。

そう決めつけられてしまったのだ。

ＳＮＳには須藤さんの名を騙《かた》るアカウントが増え、読むに堪えない卑猥な話ばかりを繰り返した。

とうとう須藤さんは外出すら怖くなってしまったのである。

追い詰められた須藤さんは、自殺を考えた。

どうせなら、有山達の素顔が晒されるような死に方をしたい。

社会的な制裁を加えてほしい。

その二つだけが延々とループする。

須藤さんは思い切って外出し、自殺する場所を選び始めた。

何処でどんな人が自殺したかはネットを検索すると、たちまち分かった。

電車に飛び込んだとしたら、その駅や時間、酷いときには写真すらＳＮＳに上げられる。

須藤さんは、その情報を元に現場を訪ね歩いたという。


三つ目の駅に着き、現場と思しき場所にあるベンチに座ったときのことだ。

須藤さんは電車の入る速度をメモしながら、どうやったら醜く死ねるか考えていた。

自分が飛び込んだ結果、有山達が表に出ざるを得ないような遺書の文面も考える。

ふと気が付くと、いつの間にか隣に女子高生が座っていた。

女子高生は前を向いたまま呟いた。

「あなた、そんなに死にたいの」

驚く須藤さんに、女子高生はぼそぼそと話し始めた。

自分がどれほどイジメられたか。助けてくれる人もおらず、誰にも頼れず、未来も見えず、もう死ぬしかなかった。

けれど死んでも何も変わらなかった。

「だから何度でも死ななきゃならないの」

そう言って、女子高生は通過しようとする電車に飛び込んで消えた。

須藤さんは、しばらく涙が止まらなかったという。


その出来事以来、須藤さんはより熱心に自殺現場を訪ね歩いた。

この間の女子高生のせいか、毎回ではないが頻繁に自殺者に出会えるようになった。

会話を交わせるぐらいの自殺者は、かなり酷い目に遭っていた。

イジメに限らず、パワハラや借金地獄、病気や犯罪で徹底的に追い詰められた者ばかりである。

だからこそ、強い思いを残しているのだ。

何十もの出来事を聞く度、須藤さんは自分はまだマシだなと安らげた。

おかげで自殺せずに今日まで生きてこられたという。

取材の最後に、須藤さんはこんなことを言った。

「他人の不幸に支えられた人生だから、幸せは求めずに生きていくつもりです。自殺した人の分まで幸せになろうなんて、傲慢ですよ」

サイレン

今から二年程前、的場さんに起こった出来事である。

明け方近くに便所に立ったときのことだ。

救急車のサイレンが聞こえた。いきなり自宅の前で鳴った。

遠くから近づいてきた様子は一切なかった。

明け方だから音を控えるというなら分かるが、わざわざ鳴らすのは意味不明だ。

とりあえず的場さんは表に出た。

老人が多い町内である。的場さんは町内会の経理を担当しており、何かあれば動かねばならない。

音の近さから察するに、すぐ近くのはずだ。

だが、辺りには救急車どころか、人の姿すら見当たらなかった。

聞き間違いとは思えないが、そうとしか考えられない状況である。

的場さんは、辺りを見回しながら家に戻った。

すっかり目が覚めてしまい、いつもより早く家事に取り掛かった。

弁当を作っていると、夫と息子が起きてきた。

サイレンのことを訊いてみたが、二人とも全く聞こえなかったという。

的場さんは、もやもやした気持ちと洗濯物を抱えてベランダに出た。

干し終えて部屋に戻ろうとした丁度そのとき、またもやサイレンが聞こえてきた。こちらに向かってくる救急車も見える。

救急車は的場さんの家の前を通り過ぎ、三島さんの家の前で止まった。

泣き出しそうな顔で出迎えたのは、三島さんの奥さんだ。

野次馬が集まり始めている。あの中に混じるより、ここから見ているほうがよく分かるに違いない。

そう判断した的場さんは、そのままベランダから見守り続けた。

ストレッチャーに乗せられてきたのは、三島さん本人だ。

しきりに救急隊員が呼びかけている。

奥さんも同乗し、救急車は走り出した。

三島さんは昏睡《こんすい》状態のまま息を引き取ったという。

その二カ月後、的場さんは再びサイレンを聞いた。

今回は布団の中である。前回と同じく、家の前でいきなり鳴った。
車も人もいなかった点も同じである。
それから一時間後、本物の救急車が到着したのも同じであった。
今回は、的場家から三軒隣の近田さんが搬送されていった。
近田さんも病院で亡くなった。
これはどういうことなのか。何故、自分にだけ聞こえるのか。
いきなり聞こえ始めた原因は何か。
幾ら考えても答えは出てこない。
一年の間にサイレンは四度鳴り、四人が帰らぬ人となった。
五度目を聞いたのは、年が明けて間もない頃である。
これもまた明け方であったが、今までとは違う点が一つ。
サイレンは的場さんが寝ている部屋の中で鳴ったのである。
布団のすぐ横だ。あまりのことに的場さんは、悲鳴を上げて飛び起きた。
さすがに夫も息子も起きてきた。眠そうな顔だ。
「ごめんなさい、またサイレンが聞こえちゃって」
経過を知っている二人は、暗い顔つきでそれぞれの部屋に戻った。

早ければ一時間後、誰かが倒れて救急車に乗せられる。

それが分かっていても、何もできない。そもそも誰がそうなるか分からないのだ。

的場さんは家事を片付けながら、その時を待った。

朝食の準備を終え、夫を起こしにいく。

「あなた。そろそろ起きないと遅れるわよ」

返事がない。ドアを開けた的場さんが見たものは、泡を吹いて大きなイビキをかく夫であった。

何をしても反応せず、顔色もどんどん悪くなっていく。

到着した救急車に乗り込み、必死で夫に呼びかけたが、全て無駄に終わった。

それ以来、サイレンを聞くことはなくなったという。

手を出す人

千鶴さんが自分の能力に気付いたのは、結婚して三年経った頃。

夫の善治さんは優しく、思慮深く、仕事ではとんとん拍子に出世し、家事も疎《おろそ》かにしない満点の人である。

幸せを絵に描いたような家庭だ。

だが、たった一つだけどうにもならないことがあった。

子供ができないのだ。診察を受けて分かったのは、原因は千鶴さんではなく、善治さんにあるということ。

善治さんは酷く落ち込み、何かにつけ卑屈に謝るようになった。

僕さえまともなら、君はママになれたのに。

僕は遺伝子を残しちゃいけない人間なんだろうな。

幾ら励まそうとも、善治さんは立ち直ろうとはしてくれなかった。

結局、絵に描いた幸せは善治さんの手で一方的に破り捨てられたのである。

独り身になった千鶴さんは実家に戻り、家業である食堂を手伝うことにした。

働いていると気が紛れる。一日の終わりには笑顔で食事が楽しめるようになってきた。

そんなある日、いつものように店に立っていると家族連れが入ってきた。

若い夫婦と五歳ぐらいの女の子だ。奥さんは次の子を妊娠しているらしく、大きなお腹を守るようにして席に着いた。

じっとそのお腹を見つめる自分に気付き、千鶴さんは慌てて接客を始めた。

千鶴さんの母が、その様子を見ていたらしい。

「千鶴、今のうちに食事しときなさい」

千鶴さんは母の言葉に甘えた。己の不甲斐なさを噛みしめながら、勝手口に回る。

最後に何となく振り返った千鶴さんは、家族連れの横に立つ自分を見つけた。

髪を後ろでまとめ、ジーンズ生地のエプロンを着けている。

間違いなく自分そのものだ。

あそこにいるのは私だとしたら、ここにいる私は誰なんだろう。

堂々巡りの思考は、もう一人の自分の行動に断ち切られた。

もう一人の自分は奥さんの腹部に手を差し込んでいる。

奥さんは何も気付かない。どうすれば良いか、迷っているうちに家族連れは食事を済ませて店を後にした。

立ち直ったつもりでいたが、あんな幻を見てしまうとは何て情けないこと。

千鶴さんは己に気合いを入れ、店に戻ろうとした。

そのときである。店の駐車場から悲鳴が聞こえた。

何事かと飛んでいくと、先程の家族連れが助けを求めていた。

座り込んだ奥さんの股間から血液が混じった水が大量に出ている。

誰が呼んだのか、遠くから救急車のサイレンが近づいてくる。

千鶴さんは立ち尽くすしかなかった。

何が起こったのか、考えるまでもない。さっき、もう一人の私があの奥さんのお腹に手を差し込んでいた。

そのときに何かしたに違いない。

吐きそうになるのを必死で堪え、千鶴さんは奥さんを乗せて走り出す救急車に頭を下げていた。


それほど悔やんだのに、千鶴さんの分身は何度も現れた。

妊娠している女性がいると、いつの間にか側に立っている。

何とかして消そうとするのだが、分身はいうことを聞いてくれない。

無表情のまま、女性の腹部に手を差し込んでいく。

結果として三人もの妊婦を不幸な目に遭わせてしまい、千鶴さんは世間に出るのを止めた。

今は部屋に引きこもり、仏壇に手を合わせて過ごしているという。

お大事に

倉木さんは、とあるドラッグストアに勤めている。

正社員が三名、後の五名はいずれもアルバイトだ。ついこの間、今までいた薬剤師が辞め、豊田さんという女性が新たに採用された。

ドラッグストアの薬剤師は、地域の健康相談の窓口的役割を担う重要な仕事である。

豊田さんは穏やかな口調で客からの質問に的確に答え、信頼も厚く、正に適任者であった。

ちなみに、倉木さん自身はこの店で薬を買うことはない。

処方箋の薬は社員割引の対象外なのだが、そういう理由ではない。

原因は豊田さんである。

それに気付いたのは、豊田さんが配属されて二日目のことだ。

開店準備を終え、午前中の事務仕事をしていた倉木さんは、軽い頭痛を感じた。

頭痛はすぐに消えたが、鼻が詰まり始めた気もする。

もしかしたら風邪でも引いたのか。軽く顔をしかめ、倉木さんは薬のコーナーに向かった。

「こういうときは便利だな」

独り言をこぼし、豊田さんを探す。折角だから、プロの意見を訊いておきたい。

豊田さんは常連の女性客の対応中であった。胃薬を選んでいるようだ。

倉木さんは少し離れた場所で、棚の整理をしながら待った。

豊田さんの声は心地好く、それだけでも病気が治りそうだ。

どうやら目的に適した薬が見つかったようである。

ちらりと目をやる。豊田さん自ら女性客に薬を手渡している。

倉木さんは目を瞠った。その薬が青白く光っていたからだ。よく見ると薬そのものではなく、豊田さんの手が光っている。

その光が薬を包んでいたのである。女性客は笑顔でレジに向かった。

僅かに迷ったが、倉木さんは思い切って豊田さんに声を掛けた。

振り返った顔は、いつもの豊田さんである。

「豊田さん、僕なんだか鼻が詰まっちゃって。どの薬がいいですかね」

「あら大変。ちょっと待ってくださいね、ええと」

豊田さんは二、三種類の薬を手に取った。手は光っていない。

選んでくれた薬を受け取り、倉木さんはその場を離れた。先程のは自分の見間違いと結論を出す。

だが、それからも豊田さんの手は何度も光った。

その光は時に青白く、時に赤い。何度も観察しているうち、倉木さんにはその法則が薄々分かってきた。

その日の豊田さんの精神状態によるのだ。機嫌の良いときは緑、落ち込んでいるときは青白い。

接客する相手によっても変わる。感じの良い客なら眩《まばゆ》い白、嫌な客なら赤く光る。

倉木さんは、オーラの変形したものと解釈した。


ある日のこと。

要注意人物として警戒中の客が来店した。

すぐ近くに住んでいる年配の男性だが、とにかく何でもかんでもクレームを付けるのだ。

しつこく詰め寄られ、泣き出したアルバイトもいるぐらいである。

男性の今日のターゲットは豊田さんであった。

例によってねちっこく薬の成分や効能を訊いている。

隙あらば揚げ足を取ろうという魂胆が丸見えだ。やや離れた場所で、倉木さんは豊田さんを見守った。

豊田さんは終始穏やかに接客を進め、最終的に一つの薬を選んだ。

手渡すとき、豊田さんの手は黒い煙に覆われた。手も薬も全く見えない程、濃厚な黒だ。

クレームに失敗した男性は、憮然《ぶぜん》とした表情で薬を受け取った。

いつもとは異なり、レジに向かう途中でも薬は黒い煙に覆われたままだった。

その日の閉店間際、救急車のサイレンが近づいてきた。

救急車が止まったのは、あの年配男性の家だ。

数分後、誰かが運び出されてきた。黒い煙に首から上を包まれていたが、あの男性であることは疑いようもない。

どういった症状で倒れたのか明らかではないが、それから三日後、件の家には忌中の札が掲げられた。

それ以来、倉木さんは自分の店で薬を買うのを止めた。

事情はどうあれ、あのような黒い煙を出す人物が触る薬など、気持ち悪くて使えないからだ。

毛の生えた素人

若槻さんは、怖い話やホラー映画をこよなく愛する人だ。

テレビで心霊番組が放映される日は、何があっても帰宅する。

いつの頃からか、怖い番組の放映が激減し、嘆く日々が続いていた。

そこで、若槻さんは思い立った。

怖い番組が見られないなら、自分で体験すればいい。

いささか短絡的な結論だが、若槻さんは早速実行に移った。

まずは、ありとあらゆる心霊スポットを訪問する。名のある地は全て回ろうと決めたのだが、さすがにこれは途中で挫折した。

勤務との兼ね合いが付かないのだ。行くなら昼間ではなく、夜に決まっている。

できれば深夜が良い。となると、翌日の勤務がないほうが良い。これだけでも大きな制約だ。

更に、ややこしい奴らが来るのも嫌だ。スプレー缶で壁に落書きするような奴らは、さっさと呪われて死ねばいいのにとすら思う。

それだけならまだしも、最大の問題点は金銭面である。

遠征するというのは、要するに旅行だ。無銭旅行ならいざ知らず、金がないのは命がないのと同じだ。

地元の心霊スポットを殆ど全て回った結果、いよいよやることがなくなった。


ここに来て、若槻さんはとうとう次の段階に進んでしまった。

除霊である。御祓い師になれば、様々な心霊現象と対峙できる。

問題は、その技術を教えてくれる人がいないということである。そもそも捜すつもりもない。

あくまでもこれは趣味なのだ。本業にすれば楽しくなくなる。

有言実行を人生の信条とする若槻さんは、独学を始めた。

ネットを検索し、ありとあらゆる知識を集めていく。

一カ月も経たないうちに、知識だけは専門家と肩を並べるまでに至った。

次はいよいよ本番だが、これればかりは待つしかない。

除霊はいかがですかなどと宣伝を打つわけにもいかない。

待つ間も無駄にしない。知識はどんどん増え、除霊に必要な道具一式も揃った。

そしてとうとうデビューする日がやってきた。

依頼してきたのは、友人の知り合いである。

とある心霊スポットを探検した際、何かにとり憑かれた気がするという。

逸る気持ちを抑え、若槻さんは待ち合わせの場に出向いた。

依頼者は可愛らしい女性だった。怯えた様子が痛々しい。

話を聞くうち、若槻さんは不思議な感覚に包まれるのを感じ始めた。

女性が探検した心霊スポットの様子が鮮明に頭に浮かんでくるのだ。

若槻さんに、人並外れた共感力があったのかもしれない。

まるでバーチャルリアリティーのように、若槻さんの意識はその場所に飛んでいった。

その結果、何がとり憑いているかが分かったという。

この女性にとり憑いているのは、そこを住み家にしていた浮浪者の霊だった。

相手が分かってしまえば、あとは説得すればいい。

驚いたことに、初戦にして若槻さんは完璧に除霊をやってのけたのである。

このことが若槻さんに自信を与えた。勉強と努力に裏打ちされた自信は何倍もの力をもたらす。

若槻さんは、うっすらと霊が見えるようになってきた。

その力も磨き、若槻さんは持ち込まれる案件全てを無難にこなしていった。
夏を過ぎた頃、女性が一人訪ねてきた。
親戚の家で宿泊してから、何かにまとわりつかれている気がするらしい。
このとき、若槻さんには相手の背後に弱々しい中年女性が見えた。
これぐらいなら、気合いだけで吹っ飛ばせる。
事実、その通りになった。
女性は感謝し、多額の金銭を置いていこうとしたが、若槻さんは丁寧にそれを断った。
商売にしてしまうと、後で揉めるかもしれないからだ。
これはあくまでも趣味なのである。
二週間後、その女性が再びやってきた。再発したから見てくれという。
調べてみると、確かに吹き飛ばしたはずの中年女性が戻っている。
少し甘く見ていたかもしれない。若槻さんは丁寧に探ってみた。
けれど、何度調べてもそこにいるのは貧弱な中年女性だ。
もう一度吹き飛ばし、若槻さんは念入りに女性を調べ直した。今度こそ完璧だ。
何処かに消えた中年女性のことは、既に脳裏から消え去っていた。

それからまた二週間が経ち、女性が三度現れた。

状況は同じである。やはり中年女性がとり憑いている。

もしかしたら、この弱々しさは見せかけではないか。

だとすれば、いつもの手段では太刀打ちできない。若槻さんは持てる力を振り絞り、立ち向かった。

一時間後、中年女性はようやく消えてくれた。

四度目はそれから二十日後。五度目は一カ月後。

どうやらその女性は、若槻さんを無料の整骨院扱いしているようだ。

一度、秘密裡に引っ越したことがあったのだが、女性は呆気なく現れた。

あら先生、今度の部屋は少し手狭ですね、などと微笑んでいる。

若槻さん自身は必死だ。中年女性の本質が見えてきたからである。

やはり、弱々しさは嘘もいいところだった。しかもこれは間違いなく生霊だ。

下手をすれば、とんでもない逆襲に遭う。

ありとあらゆる物を使い、時には鼻血を垂らしながら、若槻さんは頑張っている。

守護霊

石島さんは清掃業に従事している。

つい最近、常駐している勤務先に新人が配属されてきた。

筒井さんという年配の女性だ。子育てが一段落し、健康維持を兼ねて応募してきたのだという。

新人研修は石島さんの担当だ。用具の準備から始まり、作業手順と巡回経路を教えていく。

筒井さんは経験者らしく、飲み込みが早い。

経験者にありがちな手抜きもせず、控えめで愛想が良く、誰とでも打ち解ける。

本社から即戦力になると聞かされていた通りであった。

即戦力どころか、主戦力にできる人材である。おかげで、以前から問題行動が多い男を外せる目途が立った。

関根という四十過ぎの男だ。関根は、筒井さんと真逆の人間であった。

効率的な仕事をすると言っては、自分なりの手順で作業し、ミスが多く、協調性に欠く。

関根が休めば作業が順調に進むぐらいだ。

しかも、関根はこのところ妙な言動が増えてきた。

とあるパワースポットを訪ねたときから、自分に強力な守護霊が憑いたというのだ。

気付いた切っ掛けは、二週間前。

飲み屋で深酒し、酔った勢いで土手を歩いていた関根は、足を滑らせてしまった。

二メートルはあったのだが、かすり傷一つ負わなかったそうだ。

寝っ転がって星空を見上げながら、関根は自分が金色の光に包まれていることに気付いた。

とても暖かな光だったという。

翌日、関根は急に宝くじが買いたくなった。頭の中に浮かんでいる数字を選んだところ、大金が当選した。

その金を全てつぎ込んで馬券を購入し、これもまた勝ってしまったらしい。

当分の間、遊んで暮らせる金を手にした関根は、とことん手を抜き始めた。

いっそ辞めてしまえばいいのだが、一つには他人に自分が得た力を自慢したかったのだろう。

ただでさえ鬱陶しい男が、手当たり次第に他人を捕まえ、守護霊を見てやると言い出した。

同僚全員がこれをとことん嫌った。

真面目に見るならまだしも、関根はへらへらと笑いながら悪口を叩くのだ。

お前の守護霊は貧弱そのものだ。人を守護できるような力がない。

お前には薄汚い婆《ばばあ》が付いている。随分お前を心配しているようだが、影で何かやってんのか。

そういった罵詈雑言の後、決まって自分の守護霊を自慢する。

そしてとうとう、関根は筒井さんに照準を定めた。

いつものように筒井さんに声を掛ける。

「あんた、守護霊を見てやろうか」

止めようと立ち上がった石島さんを笑顔で制し、筒井さんは関根の申し出を丁寧に断った。

その程度で関根が退くわけがない。尚もしつこく話しかけていると、筒井さんが急に目を閉じた。

十秒ほど経ち、ゆっくりと目を開けた筒井さんは、穏やかな口調で話し出した。

「関根さん。あなた、十五歳の夏休みに万引きで補導されてますね。二十歳のときはバイト先の金を盗んで捕まった。二十五歳で職場の女性を付け回し、解雇されている」

唖然として見つめる関根の過去を次々に暴いていく。ようやく我に返った関根は、大声を上げて筒井さんの邪魔をした。

「何だお前、適当なことを言うな！　名誉毀損で訴えるぞ」

「どうぞどうぞ。あのですね、私にも守護霊がおられましてね、その方があなたのもっと凄いことを教えてくれてます。言っていいですか？　七年前の夏、あなたが英子という女性に何をしたか」

勝負ありだった。関根は慌てて立ち上がり、逃げ出した。結局、そのまま二度と帰ってこなかった。

筒井さん曰く、関根の背後に憑いていたのは守護霊ではなく、動物霊。

少しだけ力が強く、これぞと思う人間にとり憑いては悪事を働かせているらしい。

関根は利用するだけ利用されて、とことん墜ちるでしょうねということだった。

藪蛇

北村さんは、三十五歳を迎えた日に事故に遭った。

駅からの帰り道、自転車に追突されたのである。転倒した拍子に、頭部を強打した。

怪我自体は大したことはなかったのだが、その日を境に妙なものを見るようになってしまった。

人の背後にいる存在である。ふわふわとまとわりつく。

北村さんが思うに背後霊、或いは浮遊霊。殆どの場合は薄い影だが、時々濃くなる。

稀に、生きている人間と見紛《みまご》うような明瞭なものが憑いているときもある。

そこまで強いものが見えたときは、意識して避けるのが癖になった。

当然ながら、自分にも憑いている。タイプとしては、よく見かける薄い影なので気にはならなかった。

鏡を見るときに鬱陶しさを感じる程度だ。

いつからか、その影が二重になった。よく見ると、新しい影が増えている。

大した力はないようである。揺らめいて今にも消えそうだ。

飼っていた猫が死んだとき、似たような影を見た覚えがある。今回の影も丁度そのぐらいの大きさだ。

多分、何処かで憑けてしまったのだろう。そのうち消えるに違いない。

北村さんはそのまま気にもせず、日常生活を続けた。

予想通り、何もおかしなことは起こらなかった。

一つだけ違ったのは、いつまでも消えないことである。小さな影は半年経っても北村さんから離れようとしなかった。

依然として何も不幸は起こらず、体調などにも全く変化はない。

丸まって時折微かに動く影は、やはり猫のようであった。


変化の切っ掛けは更に三カ月後。世間はゴールデンウイークである。

連休初日、北村さんは友人とともにショッピングモールに出かけた。

秋物の服や靴をウィンドウショッピングしているうち、イベントコーナーに差し掛かった。

パワーストーンを扱っている店が占いをやっている。

占い師は三人、それぞれにやり方が違うようだ。タロット、四柱推命、手相。

占いに関心がない北村さんは通り過ぎようとしたが、友人は興味津々で近寄っていく。私はこの先の書店にいるからと声を掛け、立ち去ろうとした北村さんは、占い師に呼び止められた。

しかも、三人いる占い師全員同時にである。

北村さんと同様、当の占い師達も驚いている。互いに顔を見合わせていたが、中の一人が代表して話し始めた。

「こういうことはあまり言わないのですが、あなたの後ろに何かがいます。かなり厄介です。早いうちに何とかしたほうがいい」

他の二人も頷いている。

「言うだけ言って何だと思われるでしょうが、我々には何ともできません。申し訳ありません」

友人に手を引かれ、北村さんは足早にその場を離れた。

その後、気分一新してモール内を散策し始めた北村さんだったが、ウィンドウに映る自分の姿がやはり気になる。

背後に意識を集中する。昔からいる薄い影と、小さな影。いつもと変わらない。

この二つの何が厄介だというのか。

「くだらない」

思わず呟いてしまった。

その日、帰宅してから鏡の前に立ち、改めて確認してみた。

そこでようやく気付いた。小さな影が少し大きくなっている。若干だが、色も濃度を増している。

それにつれ、北村さんの不安も増してきた。やはり、放置しておくのは不味いかもしれない。

翌日、北村さんは近所の寺に出向いた。顔見知りの住職に経過を説明する。

住職は、なるほどとばかりに大きく頷き、できる限りやってみようと約束してくれた。

早速、北村さんは御本尊の前に座らされ、読経が始まった。

供養は一時間程で終わり、北村さんは礼を言って寺を出た。

何となく、今までとは違う感じがする。急いで帰宅し、鏡を覗き込んだ。

影は一つに減っていた。

昔からいる薄い影が消え、小さな影だけが残っている。

また少し大きくなっている。色は真っ黒だ。

翌日、翌々日と徐々に大きくなっていく。

それにつれて、形も変わってきた。単なる球体が、明らかに人の姿になっている。

つい先日、影は影ではなくなった。その代わりに、女性が一人立っている。

未だかつて見たことのないほど、明瞭に見える。

女性は素裸である。長い髪に隠れ、表情が読めない。

何の目的があるのか、自分がどうなってしまうのか全く分からない。

今のところ何かする気配はない。

占い師が言った、かなり厄介という言葉が気になるが、北村さんはどうにもできずにいる。

団体交渉

その日、勤務を終えて駅に向かっていた堀田さんは、聞き覚えのある声に呼び止められた。

振り返るとそこには懐かしい男が立っていた。

半年程前に辞めた石井である。特に親しい仲ではなかったが、同じ部署の一員としてそれなりに付き合いがあった。

石井は曖昧《あいまい》に微笑み、頼みたいことがあるという。

とりあえず話だけでも――と頭を下げられ、堀田さんは誘われるまま、手近な飲み屋に入った。

とりあえず乾杯。頼みたいことがあるはずの石井は、唐突に職場の現状を訊ねてきた。

考えるまでもなく即答できる質問だ。石井が在職していた頃から何も変化はない。

そうか、と一言呟いて石井は俯いた。しばらくして顔を上げ、質問を続けてきた。

「相澤は今でもあのままか」

押し殺した声に憎悪が混ざる。そうなるのも無理のない相手であった。

相澤敏夫。五十歳になったばかりだが、社内でも有名な男である。

仕事ができるわけではない。パワハラ上司として知られているのだ。

相澤は、部下や同僚が己の思うように動かないと罵声を浴びせる。大勢の前で叱責され、失敗した内容と原因を言わされる。

何を答えても正解とはされない。人格を否定され、親を馬鹿にされ、思い悩んだ者が、人事課長に直訴したこともある。

このとき、事情を訊かれた相澤は、教育的指導であると突っぱねた。

弁護士を立てるとまで言われ、人事課長は引き下がったのである。

これが結果的に、相澤に免罪符を与えてしまった。

好き勝手に振舞い、暴言を吐き、何人もの人間が心の病で休職や退職を選ぶ事態に陥った。

石井もその一人だ。退職直前の石井は、常に暗い表情で思いつめた様子であった。


「相変わらず好き勝手やってるよ」

堀田さんがそう答えると、石井はクスクスと笑った。

「やっぱりね。さて、話というのは」

真顔に戻った石井は、驚くべき提案を持ち掛けてきた。

相澤を呪い殺す会を手伝ってくれないかというのである。唖然として言葉を失った堀田さんに、石井は丁寧に内容を説明し始めた。

相澤が原因の休職者や、退職者の集まりがある。謂わば被害者の会だ。

何とかして一矢報いたいと話し合いを続けているのだという。

ある日のこと。石井が何げなく、呪い殺せないかなと呟いた瞬間、場が静まり返った。

石井は冗談半分に賛否を問うたところ、全員が賛成に挙手した。

これで方針が決まった。あとは手段である。全員で手分けして調べたのだが、どの方法を採っても、決まってリスクがある。

成功した瞬間、掛けた本人に呪いが返ってしまう。

ならば、何人もが同じ相手を呪ったらどうなるのか。一人一人に返ってくる呪いは分散されるのではないか。

「とりあえず一度、軽い呪いで試してみようと決まってね」

相澤の身に何が起こるか確認し、報告してほしいというのが石井の頼みであった。

堀田さんは二つ返事で了承した。

断る理由が見つからなかったからだ。

むしろ、その実験結果を知りたくて堪らなくなった。

石井は殊の外喜び、その日は二人で杯を重ねたという。

別れ際、石井はメモを託した。そこには数字と身体の部位の名前が記されてあった。

一、右手の中指
二、左手首
三、左膝

この順番通りに怪我をさせる計画であった。

翌日から堀田さんは、密かに相澤を監視し続けた。

始めて四日目の朝、出勤してきた相澤は右手に包帯を巻いていた。

それとなく訊くと、中指が針で刺されたように痛むらしい。

その後、メモに記された通りに相澤の身体に包帯が巻かれていった。

結果を報告された石井は、満面に笑みを浮かべた。

石井が言うには、とある会員から新たな提案があったそうだ。

最終的に殺してしまうから、呪いが返ってくるのではないか。ずっと生殺しの状態で楽しめばいいだろう。

これもまた全員一致で賛成されたという。

つい最近、堀田さんは石井から五枚目のメモを託された。
会員達は、いよいよ内臓系に狙いを定めたようである。

猫とおじさん

その日、藤岡さんは両親とともに叔父の家へ向かっていた。

叔父の名は浩一、三日前に葬儀を終えたばかりである。

今日の目的は、浩一が暮らしていたマンションの後片付けだ。

タンスや電化製品は売却先が決まっているのだが、中身までは引き取ってくれない。

そういった細々した物を片付けるのは遺族の役目である。

浩一には兄も妹もいるが、いずれも遠方の為、藤岡さんに依頼してきたのだという。

藤岡さんが幼い頃、浩一はよく遊んでくれた。

父の借金の保証人を引き受けてくれたこともある。

気が弱く、控えめで優しい人だった。

面倒ならば、業者に頼んでくれても良いと言われたが、自分達で遺品を整理することが、何よりの供養と思われた。

マンションに到着し、あらかじめ聞いていた部屋番号のポストを探す。

確かに浩一の名前が記されてある。

溜まっていた広告のチラシやＤＭの封筒を回収し、部屋に向かった。

かなり古いマンションらしく、あちこちの塗装が剥がれ、手すりなどの金具も錆だらけだ。

浩一の部屋は三階の中央である。先を行く父が、何を思ったか立ち止まって振り向いた。

「何か言ったか？」

声が聞こえたのだという。くぐもった声だったが、帰ってくれと言われたらしい。

根っから明るい母は、けらけらと笑って答えた。

「浩一さんじゃない？　私らに迷惑掛けたくないからとか」

なるほど、そうかなと笑い合い、藤岡さん達は先へ進んだ。

浩一の部屋のドアには、手作りの表札が掛かっていた。

可愛く描かれた熊が、いらっしゃいと手を挙げている。

父がドアを開けようとして手こずっている。預かってきた鍵が上手く入らないようだ。

「おかしいな。これで合ってるはずなんだが」

どうやっても開かない。

「僕がやってみる」

受け取った鍵をドアノブに差し込んだ瞬間、声が聞こえた。

今度は家族全員が聞いた。

お願いだから帰ってくれ。

その声は浩一に似ていた。さすがに三人は顔を見合わせた。

口には出さないが、全員が困惑しているのは明らかだ。

とにかく中に入ってみるしかない。何度か試してみるうち、ようやくドアが開いた。主を失った部屋は静まり返っている。

整理整頓が行き届き、一人暮らしの中年男性の部屋とは思えない。

浩一の性格が如実に表れている。

父が、殊更に明るい声で言った。

「これは早く片付くな。終わったら寿司でも食いに行こう」

三人が手分けして取り掛かる。

父が言う通り、仕事は早々に終わりそうだ。

タンスも冷蔵庫も、きっちり区分されてある。中身を確かめる為に、手を休める必要がなかった。

なおかつ、物自体も少ない。後は押し入れだけだ。

藤岡さんが開けようとした瞬間、三度目の声が聞こえた。

間違いなく浩一の声だ。


頼むから開けないで。


悲痛な声だ。ためらう藤岡さんを脇に退かせ、父が思い切って押し入れを開けた。

二段目の棚に浩一がいた。

浩一は、今にも泣き出しそうな顔で頭を下げ、じんわりと消えた。

母はへたり込み、小さく震えている。藤岡さんは母を外で休ませ、戻って押し入れを覗き込んだ。

怖くはない。大好きな母を怖がらせる浩一への腹立たしさと、そうまでして帰らせたい理由への好奇心がある。

とはいえ、一人暮らしの中年男性が秘密にしたい物など、容易に想像が付く。

それもあって、母を休ませたのだ。

二段目の棚の左奥にそれはあった。大型のスーツケースだ。

引きずり出して床に置く。幸い、施錠はされていない。

少し開けただけで、凄まじい悪臭が溢れ出てきた。

予想とは違い、何らかの腐った物が入っているのは確実である。

浩一は諦めたのか、声も姿も出さなくなった。

藤岡さんは父と頷きあい、一気にケースを開けた。

現れた物は想像を絶していた。

切断された猫の頭部である。全部で五匹、腐敗して蛆《うじ》が湧いている。

それぞれの猫は、口に何かを咥えていた。

恐る恐る取り出してみると、それは浩一の兄や姉の写真であった。

写真には、細かい字でびっしりと呪いの言葉が記されている。

「何だこれは」

父が怒気を孕《はら》んだ声で言った。

父はスーツケースをそのまま持ち帰り、浩一の兄に見せた。

最初、絶句していた兄は、すぐに笑い出した。

「道理で体調が悪かったわけだ。いつでも猫の鳴き声が聞こえてくるし、自分がどうかなったのかと思ってたよ」

兄はスーツケースの中身から自分達の写真だけを抜き、首はまとめて浩一の墓に入れた。
それ以降、何も異常は起こっていないという。

その後、浩一は何度か藤岡さんの前に立った。
身体のあちこちに、猫の首が噛みついているのが見て取れた。
特に何か言うでもなく、恨めしそうに睨んでくる。
生前は世話になったが、一々相手にするのも面倒である。
第一、恨まれる覚えがない。
何度目かのとき、苛立った藤岡さんは、浩一を思い切り怒鳴りつけた。
それ以来、浩一は現れていない。

プカプカ

佐藤さんは産婦人科で調理を担当している。

入院された人へ毎日の食事を提供するのが仕事だ。

出産し、母親になった人にはお祝い膳と称した見事な食事も作る。

まだ暗いうちから家を出て、暗くなってから帰宅する仕事だ。

キツイのは確かだが、やり甲斐がある。

何より、命が産まれる場所を支えているという自負があった。

佐藤さんは産婦人科に直で雇われているわけではない。

そういった調理関係の人材を派遣する会社の社員である。

従って、他所への出張もある。

急に人員が欠けた物件の手伝いをするわけだ。

この春、佐藤さんは出張を命じられた。

初めて行く物件だ。関西エリアに所属する産婦人科である。かなりの遠方の為、泊まりがけになる。

快晴の朝、佐藤さんは電車に揺られ、のんびりと現地に向かった。

到着した日はフリーである。

働くのは翌朝早くからだが、現場までの経路を確認する。

可能ならば調理室も見ておきたい。

わざわざ遠方から訪れた佐藤さんは、現場のチーフを始めとした全員に大歓迎を受けた。

腕の良い人が手伝いに行くと聞かされていたらしい。気恥ずかしさはあるが、同時に誇らしさもある。

全員に挨拶し、調理室を見学に行った。今いる所より少し手狭だが、綺麗に整理整頓されていて使い良さそうだ。

ただ一つだけ気になることがあった。

何というか、病院自体の雰囲気が暗いのだ。建物が古いわけでもなく、日当たりが悪いわけでもない。

単なる印象といえばそれまでだが、理由が不明な分、余計に気になった。

とりあえず初日はそこまでにして、ホテルに向かった。夕食は近くの居酒屋で新鮮な魚を頂いた。

翌朝、勇んで現場に向かう。メインとしてではないが、腕の振るいどころである。

挨拶を交わしながら、制服に着替えて調理室に向かう。

ふと、足が止まった。

やはり気になる。

朝の光が差し込んでいるのに、院内の至る所が暗い。

物理的に暗いのではなく、印象として暗い為、誰かに言うこともできない。

人によっては、悪口に聞こえる可能性もある。

佐藤さんは軽く頭を振って、調理に集中した。

できあがった食事は、院長にも持っていくようになっている。

佐藤さんは挨拶を兼ね、チーフとともに院長室に向かった。

「失礼します。検食をお願いします」

持ってきた食事を丁寧に机に置く。

「それと、今回から手伝いに入ってくれる佐藤を紹介致します」

「佐藤と申します。よろしくお願い致します」

頭を下げながら、佐藤さんは堪らなくなっていた。

この部屋が一番暗い。何と言うか、身体に沁み込む暗さがある。

「ああそうですか。有難いことです。こちらこそよろしくお願いしますね」

優しい声に誘われ、顔を上げた。声の印象通り、優しい顔の院長だ。

だが、暗い。背中に闇の後光を背負っているような暗さだ。

佐藤さんは確信した。全ての暗さの基は、この人だ。

もう一度深々と頭を下げ、チーフと佐藤さんは部屋を後にした。

佐藤さんは思い切ってチーフに言った。

「あの。変なこと言うと思われるかもしれませんが、ここって何か暗くないですか」

恐る恐る言い出したことだが、チーフはあっさりと認めた。

「うん。暗いよ。特に院長が暗いのよ。何か憑いてるような暗さでしょ」

佐藤さんは、ほっと胸を撫で下ろした。

「ここだけの話だから内緒にしててね。私の親戚が、この辺りに住んでたの。ここ、昔は無条件で堕胎を請け負ってたんだって」

母体保護法が改正される前の話だ。

今の院長の先代が密かにやっていたという。

本人からの依頼は勿論、第三者からの強引な堕胎も関係なく、手当たり次第に引き受けたそうだ。

「だからね、見える人には見えるらしいよ。暗いのは、この院内の至る所に堕胎された胎児がプカプカ浮かんでるからだって」
佐藤さんは思わず首を竦めて辺りを見回した。
その様子を見て、チーフはけらけらと笑った。
それからも時折、出張を頼まれることがあったが、その現場だけは断っているという。

鯉の餌

戸沢さんの友人である中島は、定年退職後に田舎で家を買った。

周囲を山に囲まれた静かな里だという。本当に素敵な所なんだと中島は自慢していた。

暮らしが落ち着いた頃を見計らい、戸沢さんは泊まりがけで遊びに行った。

到着してまず目に付いたのは、大きな池だ。近くの山が映り込むほど広々としている。

季節は秋。水面に浮かぶ紅葉が、何とも見事であった。

中島は、会社で見せたことがない笑顔で出迎えてくれた。

案内された家は、庭付きの平屋である。古いが手入れの行き届いた家だ。

日当たりの良い縁側から、先程の池が見える。

のんびりと一日を過ごすには最適の場所に思えた。

戸沢さんの気持ちを知ってか知らずか、中島はしみじみと言った。

「ここに座って、あの池に陽が沈むのを見るんだよ。それだけで生きてて良かったって思えるんだ」

心から羨望している自分に気付き、戸沢さんは話題を変えた。

「あの池って、釣りできるのか」

「勿論。でかい鯉がいるんだよ。ちょっと行ってみようか」

元々、戸沢さんと中島は釣り仲間である。何ならこのまま、夜まで釣りでも構わないぐらいだ。

野鯉となると、ウキ釣りか、それとも食パンで吸い込み仕掛けにするか。

胸を躍らせながら池に向かう。見れば見るほど大きな池だ。

周りの木々も大きく、適度な木陰がある。

「ここだ。池の上まで枝が張り出してるだろ、この下に一メートル超えがうようよ泳いでる」

中島が指し示した場所を眺めた戸沢さんは、思わず歓声を上げた。

ハッキリと目視できる。ここまで大きな鯉は見たことがない。

一メートルでは済まないものもいる。

「どうだ、堪らんだろう」

返事をするのも忘れ、戸沢さんは水面を眺め続けた。

「さて、どうする。竿ならあるぞ」

どうするもこうするもない。戸沢さんは、笑いながら深々と頭を下げた。

そこからの二時間余り、戸沢さんは夢中になった。

かなり豊かな池らしく、鯉以外の生物も多く見かけた。亀か何かに餌を取られたのは御愛嬌である。

最終的に入れ食いとまではいかないが、そこそこの釣果が得られた。

中島も同じぐらい釣りあげている。二人合わせた中で形の良い一折を選び、後は池に戻した。

家に戻った中島は、戸沢さんを勝手口に案内した。軒下に大きな浴槽が置いてある。

持ち帰った鯉をその中に放し、一晩置いてから調理する。

池で鯉が釣れると分かった日から、そうしているという。

「実は昨日も釣ってさ。今夜はそいつを食べてもらうよ」

中島自らが腕を振るった鯉の甘煮や鯉こくが出てきた。洗いも出されたが、泥臭くなく、鯉とは思えぬほど濃厚な味わいだった。

この地で暮らし始めて二週間、中島は殆ど毎日のように食べているらしい。

また明日も池に行こうと約束し、戸沢さんは床に就いた。

その夜、戸沢さんは池の夢を見た。

昼間のポイントで鯉を釣ろうとしている。すぐそこに魚影は見えているのだが、なかなか食いついてくれない。

鯉は何かに群がっており、釣り餌には見向きもしないようだ。

何を食べているのだろう。興味を覚えた戸沢さんは池の中に足を踏み入れた。

夢ならではの行動だ。ずぶずぶと足を進めるのだが、鯉は逃げない。群れの中に入っていく。

鯉は雑食であり、ザリガニや蛙《かえる》すら食べてしまう。だが、群れの中心にいたのはザリガニでも蛙でもなかった。

亀かと思ったが、そうではない。甲羅が見当たらないし、亀にしては足が長すぎる。

すくい上げてみようと手を近づける。触れた途端、それは水面に浮かび上がってきた。

柔らかな肉の塊に頭と手足が付いている。どう見てもそれは胎児であった。

一つ浮かび上がったのを切っ掛けに、次々に胎児が浮いてきた。

辛うじて人と分かるものや、どろりとした肉片だけのものもある。

戸沢さんは夢の中で絶叫して目覚めた。そのまま、まんじりともせずに朝を迎えたという。

起きてきた中島は、早速出かける準備を始めている。今日は延べ竿で駆け引きを楽しんでみるかなどと言っている。

結局、夢の話ができないまま、戸沢さんは再び池に向かった。

釣り糸を垂れていると、どうしても夢を思い出してしまう。

どんよりとした不安に包まれながらも、鯉は次々に釣れ始めた。とりあえず今は、この時間を楽しもうと集中する。

小一時間も経った頃、二人は背後から声を掛けられた。

「あんたら、鯉釣っとるんか」

振り返るとそこには村人らしき男がいた。男は何ともいえない妙な顔で二人を見ている。

「ええ。別に禁止されてないですよね」

中島が言うと、男は池を見ながら答えた。

「禁じてはおらんが、村の者は釣らんな。一度、たわけ者が釣って食べたことがあったんやが、ごっつぅ嫌な夢見たそうや。あんた、最近越してきた人やろ。いつか教えてやらにゃあと思てたんや」


二十年ほど前、この村に千登勢という婆さんがおってな。

千登勢は助産婦やったが、産めない子を下ろしたり、育てられない子を殺したりしとった。

で、始末した子をこの池に捨てたんや。

それを食うたのが鯉や。鯉は何でも食うからな。その頃からどんどん大きくなりよった。千登勢はとっくの昔に首吊って死によったが、今でも時々現れる。あんたらが今座ってる辺りに立って、池ん中に肉の塊を投げ込みよる。

「あとな、あんたが買ったのは千登勢が住んどった家やで」

男は一気に話し終え、後ろも振り向かずに立ち去った。

戸沢さんはそっと竿を上げた。中島は、じっと水面を睨みつけている。

その日の昼飯は、また鯉だったが食べたのは中島だけであった。

それ以来、戸沢さんは中島の家に行っていない。中島からは時折、画像付きのメールが届く。

中島は今でも鯉を釣っては食べ続けている。

何故か分からないが、嫌な夢は一度も見たことがないそうだ。

歌う女

五年程前になる。

新藤さんは海外出張で衝撃的な体験をした。

出張先は東南アジアの某国である。現地の工場で発生した金銭的なトラブルに対応するのが任務だ。

仕事自体は案外あっさりと解決し、予定していた滞在日数が一日浮いてしまった。

急いで帰国する必要がない為、現地を視察することに決めた。

堅苦しい言い方だが、要するに観光である。現地採用の社員をガイドに設《しつら》え、主だった通りを見物して回る。

異国情緒に溢れた市場を楽しみ、昼飯を満喫し、さてホテルに戻ろうとしたときのことだ。

目の前の通りで、大型トラックが歩行者を轢《ひ》いてしまった。

トラックはすぐに止まり、運転手が降りてくる。野次馬達も続々集まってきた。

新藤さんは見たくもなかったのだが、ガイドの社員が輪の中に入ってしまった為、後を付いていくしかなかった。

こんな繁華街で迷子になったら、どんな目に遭うか容易に想像が付く。

止せば良いのに、ガイドは群れの中心に進んでいく。

とうとう野次馬の先頭に立ってしまった。

折角そこまでたどり着いたくせに、現場を見たガイドは一瞬で顔を反らした。

トラックの後輪から女性の上半身がはみ出している。

急停止したのが災いし、腹部を引き裂いてしまったらしい。

ところが女性は、上半身だけになっても意識があった。

それどころか、痛みも感じないようで、しきりに何か喋っている。

ガイドに言葉の意味を訊くと、悲痛な顔で答えた。

「早く家に帰らないと、子供がお腹空かせて待ってるのよ。ねぇ、ここから出して。家に帰りたい」

何度も繰り返しそう言い続け、最後には歌うような口調になった。

これ以上は見ているべきではない。

新藤さんは女性に向かい、手を合わせて念仏を唱え、その場を離れようとした。

その瞬間、女性と目が合った。

女性は誰にでもなく、新藤さんだけに向かって、家に帰りたいと歌った。

その歌は帰りの飛行機の中でも頭の中を回り続けたという。

帰国後、我が家でゆっくりと風呂に浸かり、夕飯を食べ終わり、バラエティー番組を見ているうち、ようやく歌は離れていった。

久しぶりに娘を寝かしつけようと寝室に向かう。

娘は大好きな絵本を差し出してきた。

読んでいるうち、安らかな寝息を立て始めた。

小さな額にそっとキスをし、新藤さんはベッドから立ち上がった。

その瞬間、娘が歌い始めた。

あの女性の歌である。

知るはずのない現地語で何度も繰り返し、家に帰りたいと歌い続けている。

それから五年経った今でも、娘は寝ているときに歌うという。

てつお

それは昭和三十年代の話である。

当時、友永さんは十歳になったばかりであった。

友永さん一家は、木造モルタル二階建ての集合住宅で暮らしていた。

関西発祥のいわゆる文化住宅と呼ばれる建物だ。

瓦葺《かわらぶ》き、四畳半と六畳の部屋、小さな台所と便所。風呂はないが近くに銭湯があり、支障はない。

友永さんの父が働く建設現場に近く、学校や駅も近い。

近所には似たような環境の子供達も多く、楽しい日々だったという。

ある春の日、新しい家族が入居してきた。

若い夫婦と小さな男の子である。ベニヤ板の切れ端で作られた表札には、片岡と書いてある。

片岡家の生計を支えているのは、妻のほうであった。

毎日、明かりが灯る頃に妻は出かけていく。安っぽい派手な衣装と化粧から、夜の仕事だと分かる。

夫のほうは日がな一日ギャンブルだ。深夜の帰宅も珍しくない。

当然、小さな男の子が一人きりで留守番をすることになる。

学校には行かせてもらえないらしく、朝からずっと部屋の前で遊んでいる。

夜になってもそれは変わらない。八時を過ぎてようやく中に入る。

両親から言い含められているのか、話しかけても返事はしない。

友永さんの母は子供好きであり、常に気に懸けていた。時にはおやつをあげたりした。

そのせいか、男の子は少しずつ心を開き、笑顔を見せるようになったという。

てつおという名前が分かったのも、その頃だ。

てつおの体は、いつも何処かに傷があった。切傷、打撲、火傷と種類も豊富だ。

今ならば明らかに児童虐待で通報される事態だが、当時はそういった社会通念が育っていなかった。

神奈川で育児に悩んだ母親が赤ん坊を生き埋めにし、埼玉では泣き止まない三カ月の子を殴殺。

そういった事件が急増し、幼児虐待という言葉がマスコミにようやく登場し始めた頃である。

加えるに、先天的か後天的なものかは不明だが、てつおには明らかな知的障害があった。蓄膿症《ちくのう》も患っているらしく、喋る言葉が聞き取り難い。

その為、近所の住人の中には、ある程度の体罰は仕方ないだろうと言う者さえいた。

友永さん自身は母の影響で、てつおに優しくしていた。友達と遊んでから晩御飯までの十数分だけだが、てつおと遊んであげたそうだ。

できれば晩御飯も一緒に食べさせてあげたかったが、そこまでの親切を友永さんの父親は許さなかった。

片岡の馬鹿夫婦に楽をさせるべきではないという考えである。

一家の主には逆らえない。しかも、友永さんの父は荒っぽい性格であった。時折、しつけと称して手を上げられたこともある。

自然と、てつおから距離を取るようになった。

片岡家が引っ越してから二カ月程経った夜。

友永さんは、ふと目を覚ました。父と母の寝息が聞こえる。豆電球が点いている為、室内は橙色に染められている。

突然、てつおの声が聞こえた。てつおの部屋は一階の角部屋であり、友永さんの部屋とは離れている。

声が聞こえるはずがないのだが、すぐ側にいるようだったという。

「おとう、ごべんださい」

間違いなくてつおである。ある程度遊びに付き合った友永さんには、てつおが何と言っているか理解できた。

おとう、ごめんなさい、やめてください。そう言っている。

友永さんは状況が把握できず、恐ろしさに目を固く瞑《つぶ》り、耳を塞いで布団に潜り込んだ。

それでも声は聞こえてくる。

「おがあ、ごべんださい、いだいいだい、ごべんなさい」

おかあ、ごめんなさい、痛い痛い、ごめんなさい。

声は延々と続き、ぐぼっという音を最後に唐突に止んだ。

翌朝、友永さんは恐る恐る玄関から外に出た。

そっと片岡家のほうを見る。特に変わった様子は見られない。てつおの悲鳴も聞こえてこない。

気にしながらも友永さんは学校へ向かった。

その日の放課後は友達と遊ぶのを止め、すぐに帰宅した。

自宅が見えてくる。いつものように、てつおが部屋の前でしゃがみ込んでいる。

ああ、何ともなかったんだ。昨日のは夢だったんだな。

ほっと胸を撫で下ろし、友永さんはてつおに近づき、人差し指で軽く肩を突いた。

「ただいまてつおくん。遊ぼう」

返事がない。振り返ろうともしない。

「どうしたの、てつおくん」

もう一度、肩を突く。ようやく振り向いたてつおを見て、友永さんは息を飲んだ。

額の右上がピンポン玉ぐらいの大きさに凹んでいる。

てつおは、いつにも増してぼんやりした顔つきで口を開けた。

喋ろうとしてではなく、息のし辛さから開けたようである。

大きく呼吸し、てつおは友永さんを見上げた。

「あだ。どでで。ぐ」

何を言っているかまるで分からない。恐ろしくなった友永さんは、慌ててその場から離れ、部屋に逃げ込んだ。

「おかえり。……どうしたの？」

驚く母に泣きながら事情を説明する。母は顔色を変え、表に飛び出した。

最初に聞こえてきたのは、母の悲鳴である。母は片岡家のドアを叩き始めた。

「片岡さん。片岡さん、ちょっといいですか」

初めて聞く母の怒声である。友永さんはそっとドアを開け、外の様子を見た。

近所の人達も集まっていた。皆、てつおの様子を見て驚いている。

何度叩いても、片岡夫妻は出てこない。

結局、片岡夫妻は二度と帰ってこなかった。てつおは捨てられたのである。

通報を受けた警察は、適当に部屋を調べ、てつおを車に乗せて引き上げた。


その日の真夜中。

友永さんはまたもや目を覚ました。

前回とは異なり、今度は父も母も目を開けていた。

身体を起こそうとした瞬間、てつおの声が部屋中に響いた。

「どだがが。ずび。ぐだ」

破裂するような音でしかないのだが、父も母も友永さんにも、その意味が分かった。

おかあ、お腹が空いたよ。
そう繰り返している。
父は青ざめ、母は泣いている。友永さんも声を上げて泣いた。
翌日判明したのだが、アパートの住人全員がそれを聞いていた。
声は毎晩聞こえた。おにぎりを供えると止まるのを発見したのは、友永さんの母だ。
その後、父の現場が変わった為、友永さんは違う土地へ引っ越した。
成人してから仕事の関係で近くを通りかかったのだが、建物はまだ残っていた。
幾つかの部屋は埋まっていたようだ。
てつおの部屋の前にはおにぎりが供えられていた。

ちなみに今はもう更地になっている。
阪神淡路大震災で倒壊したのを切っ掛けに、土地が処分されたという。

戦う栗田家

話の発端は、今から十数年前。

「また汚してる」


栗田さんは思わず愚痴をこぼした。掃除したばかりの廊下が泥だらけだ。

それと、泥まみれの人形や玩具も転がっている。

これで三回目だ。二回目までは大目に見ていたが、これ以上は放置できない。

栗田さんは、娘の優奈ちゃんの部屋に向かった。

以前はこんなことをしない子だった。この家に引っ越してから、遊び方が荒くなっている。

環境が変わり、友達もいないせいか、家から出ようとしない。

来年から小学生だが、このままでは知らない子ばかりの教室になるだろう。

そういったことから来るストレスだろうとは思う。

とはいえ、駄目なことは駄目と教えなければ、学校生活が始まってから要らぬ苦労をしてしまう。

「優奈ちゃん。入るよ」

優奈ちゃんは、机に向かって何かしている。小さな声で歌っているのは、お気に入りのアニメソングだ。

こうしていると、我が子ながら本当に可愛いんだけど。

苦笑いを浮かべ、栗田さんは優奈ちゃんに近づいた。そっと覗き込んでみる。

お人形さんの絵を描いているようだ。

「なぁに、おかあさん」

「なぁにじゃないわよ。廊下汚したでしょ。お人形さんも玩具も泥だらけだし」

優奈ちゃんは返事もせず、頬を膨らませている。

「何よその膨れっ面は」

優奈ちゃんは、まっすぐに栗田さんを見つめて言った。

「わたしじゃないよ」

あなた以外に誰がいるのと言いかけて、栗田さんは気が付いた。

そうか。今まで気付かなかったのが不思議なくらいだ。

この子、何処も汚れてない。顔も手足も服も、何処にも泥が付いてない。

顔や手足なら洗えるだろうが、服は無理だ。廊下には結構な量の泥が落ちていた。あれだけの泥を撒き散らしているのに、綺麗なままでいられるはずがない。

そもそも、私と一緒に行く買い物以外で外出していない。

だとしたら、いったい誰がやったのか。もしかしたら、野良猫か何かの動物か。

考え込む栗田さんの心を読んだかのように、優奈ちゃんが言った。

「あれ、女の子がやったんだよ」

「女の子って……お友達ができたの？」

優奈ちゃんはきっぱりと否定した。友達ではない。昔からここにいる子だという。

顔も年齢も分からない。全身が泥だらけだからだ。辛うじて分かるのは、自分と同じ背格好だということぐらい。

その子が玩具で遊びたがるから、貸してあげた。遊んでいるうちに、身体に付いてる泥が落ちたんだと思う。

そのようなことを説明し、優奈ちゃんはお絵かきに戻った。

いったい、この子は何を言い出したのだ。

昔からここにいるとはどういうことだ。

優奈ちゃんは、また歌い始めた。古いアニメソングだ。

栗田さんが子供の頃、好きだったアニメのエンディングテーマである。

テレビのアニメソング特集などでは滅多に流れたことがない曲だ。

「優奈ちゃん、その歌は何？」

返ってきたのは、半ば予想していた答えであった。

その子がいつも歌っているという。

どうしていいか判断に迷い、とりあえず栗田さんは部屋を出た。

廊下に戻り、落ちている泥を拾い上げてみる。

粘土質の泥だ。ポリ袋に入れて保管した。

その夜、帰宅した夫に詳細を話し、目の前に泥を置いた。

夫は困惑した表情で泥を見つめている。

「多分、動物だと思うけどな。ほら、最近は野生の外来生物が多いっていうだろ。捨てられたアライグマとかさ。優奈が言った女の子ってのは、あれだよ、イマジナリーフレンドとかいう奴」

アライグマが人形や玩具を狙うのは何故か。どうやって家に入るのか。

古いアニメソングは何処で覚えたのか。

解けない疑問点はあるが、これ以上考えても答えは出てこない。

優奈がこっそり家から抜け出して、何処かで泥遊びをしたと考えるほうがまともである。現場を見つけたら、改めて叱ればいい。栗田さんは、このまましばらく見守ることにした。

翌日、例によって廊下に泥が落ちていた。

栗田さんは、いつものように拭き取らず、じっくりと観察してみた。

外部から侵入した形跡はない。これで動物の可能性は消えた。

所々に足跡が残っている。どう見ても優奈ちゃんより小さい。

それと、足跡の出発点が分からない。突然、廊下に現れたとしか思えなかった。

泥を拭き取りながら、優奈ちゃんの言葉が頭をよぎる。

昔からここにいる、全身が泥だらけの子。

ここにいるのは何故だ。この家は新築であり、そういったものが現れる理由はない。

だとすると原因は土地だが、キチンと地鎮祭はやったたし、妙な噂も聞いたことがない。

廊下に座り、考え込む栗田さんの二メートル先に、新たな足跡がぽつんと現れた。

また一つ。更に一つ。

身動きできず、見守るしかできない栗田さんに近づいてくる。

悲鳴を上げる寸前、優奈ちゃんが部屋から出てきた。

「だめよ。それは優奈のおかあさん。貸してあげるのはオモチャだけだよ」

優奈ちゃんの言葉に反応するかのように、足跡は止まった。

へたり込んだままの栗田さんに近づき、優奈ちゃんは事もなげに言った。

「あの子は、この家の下のもっと下に埋まっているの。こっちが何もしなければ大丈夫だよ」

その言葉を信じるしかない。

栗田さんは、汚れたら掃除するという解決方法を選んだ。

結果的に、それは上手く行った。被害としては廊下が汚れるだけだ。

家族には何も起こらない。平凡だが、穏やかで幸せな日々を積み重ね、十数年もの年月が過ぎた。

廊下の泥を拭き取る作業は、既に日常の一コマである。これが大きな誤りであった。

優奈ちゃんは十八歳になった。

普通なら青春を謳歌する年頃だが、優奈ちゃんは高校には行かず、自宅で通信教育を受けている。

そうしないと、あの女の子が家族を滅茶苦茶にしてしまうからだ。

それが分かったのは、小学生のとき。修学旅行の間、あの女の子はありとあらゆる場所を泥まみれにした。

思わず声を荒らげた栗田さんは、顔面を掻きむしられ、危うく失明するところだったという。

ショックを受けた優奈ちゃんは、家族を守ろうとした結果、不登校寸前の生活を送るようになった。

栗田さんは思い切って一度、御祓いを頼んだが、これといった成果は得られなかった。

御祓い師曰く、あまりにも長く存在を認めていた為、どうやっても消えないだろうとのことだ。

悩みぬいた栗田家は先月、思い切った行動に出た。住み慣れた我が家を解体してしまったのである。

更地にして、しっかりと供養する。多額の借金を背負ってしまうが、別天地でやり直せるだろう。

そういう計画であった。

これにもまた邪魔が入るかと心配していたが、解体作業は何事もなく終わった。

引っ越し先の安い賃貸マンションで目覚めた朝、栗田さんは絶望の呻き声を上げた。

マンションの廊下に見慣れた泥の足跡が付いていたのだ。

あの子は既に家族の一員なのだろう。何処に行こうと付いてくるつもりだ。

だからこそ、工事を邪魔しなかったのだ。

呆然と足跡を見つめていると、優奈ちゃんが起きてきた。

優奈ちゃんは黙ったまま、涙をこぼした。


この話を取材したのは今年の五月。

当時、優奈ちゃんは大学進学を目指し始めていた。一時は諦めていた夢だ。

けれど、今の世情を上手く利用できるのではと思いついたそうだ。

自宅からでもリモートで学べるのなら、ある程度までは進めるのではないかという予想だ。

勿論、来年は普通に授業が始まる可能性のほうが高い。それならそれで、違う夢を見つける。

それと並行して、必死にあの子の供養を行っている。

栗田家は、最後の最後まで諦めないと決めたのである。

入れ墨

広瀬さんは若い頃、暴力団紛いの生活を送っていた。

十八歳で暴走族を引退した後も、真っ当な道は歩けなかった。

思いつく限りの悪行を重ね、経験値を積んでいくうち、似たような仲間が増えていった。

外見は優男だが、度胸満点で喧嘩が強い広瀬さんは、自然と皆に祭り上げられた。

この世の全てが自分の為にある。望んで叶わぬことはない。

自信に満ちた毎日は、広瀬さんを徐々に狂わせていった。

より危険なことを求め、付きまとう女達を片っ端から抱く。気に入った女は一軍と称し、常に己の側に置く。

思い返せば、空虚な日々だったという。


ある日のこと。

広瀬さんは仲間を引き連れて海に向かった。目的はバーベキューだが、良い女がいたらナンパする気満々である。

到着し、全員で用意を始める。

仲間の一人に浩介という男がいた。浩介は広瀬さんより三歳下で、殺人以外は何でもやったという猛者だ。

狂犬みたいな男だが、広瀬さんを兄のように慕っていたという。

その浩介がシャツを脱いだ瞬間、皆が感嘆の声を上げた。

背中一面に見事な入れ墨がある。素人でも分かるほど、迫力に満ちた美しい絵柄だ。

浩介の説明によると、金剛夜叉明王《こんごうやしゃみょうおう》とのことである。

男の勲章として入れたのだと、浩介は自慢した。

広瀬さんは、浩介の背中が羨ましくて堪らなくなった。そう思う自分が悔しくて身体が震えたそうだ。

翌日、広瀬さんは早速、彫り師を予約した。自分はより凄いものを入れる、その一心で向かう。

両腕に龍を入れ、背中には観音と決める。まずは腕からだ。痛みは幾らでも我慢できた。

とにかく一刻も早く完成させ、仲間をあっと言わせたい。その気持ちを保ったおかげで、彫り師に褒められるほど我慢できた。

最初の施術の終了後、広瀬さんはもう一つ大切な用事に取り掛かった。

浩介の妹を自分の女にする計画である。一瞬でも自分に引け目を感じさせた浩介が、どうしても許せなかったからだという。

浩介には秘密のまま、己の思い通りの女に仕上げ、飽きたら何処かの店に売り飛ばす。そこまでやる気でいた。

十七歳という年齢に似合わず、大人びた明奈は弄ぶには丁度良い玩具に思えた。とはいえ、この時点ではまだ手を出していない。施術後は長いシャワーや、風呂に浸かるのは禁じられていたからだ。

明奈に気を使ったわけではない。広瀬さん自身が、女の匂いを身体に沁み込ませるのが嫌なのだ。

それと何より、施術後はカサブタが痒くて仕方ない。とてもではないが、女を抱く気になれない。

理由はともあれ、性急にセックスを求めないことで、明奈は完璧に広瀬さんを信じてしまった。

着々と筋彫りが進み、ぼかしと呼ばれる工程に移る。これが最も痛いらしい。

我慢した甲斐があり、両腕には立派な龍が絡みついた。次はいよいよ背中だ。

ここに来て、広瀬さんはようやく明奈を抱いた。

明奈は広瀬さんの両腕に驚いたが、全部仕上がるまで内緒と約束させられ、秘密を共有することに歓喜したという。

長い施術期間が終わり、広瀬さんの背中に観音様が舞い降りてきた。

同じ頃、明奈の妊娠が判明した。

広瀬さんが認めるはずがない。それどころか、商品としての価値が下がるとしか考えられない。結果、堕胎させた。

その代わり、この街を離れて何処か別の土地で夫婦になるから待っていてくれと言いくるめた。

交際自体を秘密にされていた為、明奈は誰にも相談できなかった。

明奈は広瀬さんに言われるがまま、とある地方都市に引っ越したのである。

そこで客を取らされ、どん底の生活を続け、病気の末に亡くなった。

広瀬さんは明奈を売り払った相手からそれを知らされた。また次のをよろしくとも言われたそうだ。

妹が死んだことを知った浩介は、そこまで落とした相手を必死で探したのだが、広瀬さんにはたどり着かなかった。

明奈は命懸けで広瀬さんを守ったことになる。

ある夜のこと。

広瀬さんは、夜中に目が覚めた。何処からか赤ん坊の声がする。

ぼんやりした頭で部屋を見渡す。声は徐々に大きくなってきた。間違いなく赤ん坊の泣き声だ。

かなり近い。すぐ真後ろにいる。

いや、待て。今、自分は仰向《あおむ》けで寝ている。

だとすると、自分とベッドの間にいることになる。そんな感触はない。

広瀬さんは、ゆっくりと身体を起こした。やはりベッドには何も乗っていない。

その瞬間、また赤ん坊が泣き始めた。真後ろだ。

振り向く。誰もいない。また背後から聞こえる。振り向く。誰もいない。

何度か繰り返し、広瀬さんは気付いた。

赤ん坊は俺の背中で泣いている。

脱衣所に行き、恐る恐る背中を鏡に映そうと試みたが、小さすぎて上手く見えない。

ふと思いつき、携帯電話をテーブルに据え、録画モードにして撮影してみた。

その間も赤ん坊は泣き続けている。

動画を見返していた広瀬さんは、思わず悲鳴を上げた。

背中の観音の入れ墨が変化している。合掌していた手を解き、赤ん坊を抱いている。

先程から泣いているのは、その赤ん坊であった。

その日から毎晩、赤ん坊は泣き続けた。

他人が見ると、観音は元々の絵柄通り合掌している。

一人だけ、赤ん坊が見える者がいた。

浩介である。浩介は、驚くほど静かな口調で言った。

「あんたがやったんか。あんたには赤ん坊を抱いてるのが観音様に見えるやろうけど、俺には明奈に見えるで。殺してやりたいけど、俺が手ぇ出すまでもないわ」

浩介に言われ、広瀬さんはしっかりと自分の背中を確認した。

確かにその通りである。観音の顔は明奈そのものであった。言われるまで気付かなかったのが不思議なぐらいだ。

それからの人生は、奈落の底に真っ逆さまだった。

仲間は離れ、仕事はしくじり、暴力団からマークされ、身体一つで逃げ出すしかなかった。

今まで積み重ねてきた業が、一気に跳ね返ってくるようだったという。

レーザーで消去することも考えたが、それだけの金を用意できない。やっても無駄な気がする。

何度か自殺を試みたが、どのような手段を用いても失敗する。

広瀬さんは死ぬことすらも諦め、背中に家族を背負い、路上のゴミとして生きている。

土饅頭

石坂さんの故郷は近畿地方の山村である。

実家では、今でも祖父が暮らしている。石坂さんは、この家の庭が苦手であった。

家の真裏には小さな里山がある。その麓の一角に村の共同墓地があった。

庭から墓地までは目と鼻の距離だ。間にあるのは背の低い植え込みだけである。

その為、墓地全体が見通せたという。

古いが荒れ果てた墓地ではない。村人達が交代で掃除しており、不気味な雰囲気は一切ない。

ただ、この村は昭和の中頃まで土葬であった。

その為、墓地のあちこちに土饅頭がある。石坂さんは、それが怖かった。

幼い頃は、その正体が分からなかった。それどころか、墓地というものが何なのかすら知らなかった。

まさか、亡くなった人が埋められているとは思わなかったのだ。

全てを知ったのは、小学校に入ってからである。

夏休みに入ってすぐのことだ。教えてくれたのは祖父である。

祖父は、土饅頭の意味も教えてくれた。

「土が盛り上がってる場所があるやろ。そや、砂山みたいな奴や。あの下には死んだ人がそのまま埋まっとるのや」

祖父は石坂さんの頭を撫でながら、近づかないように注意した。

「古い土饅頭は中身が腐っとんねん。下手に近づくと穴開いて落ちるで」

怖がる石坂さんの頭をもう一度優しく撫で、祖父は続けた。

「死んだ人は供養してるから、怖いことあらへん。お前が怪我するほうがよほど怖い」


夏休み三日目。

家で遊んでいると、友達の達郎くんが近づいてきた。

達郎くんは辺りを見回し、石坂さんの耳元で囁いた。

「土饅頭に穴を開けたいねん。手伝ってくれ」

とんでもないことを言い出した。達郎くんは墓地を見ながら続けた。

達郎くんの妹が夢に現れるのだという。

妹はつい先日、風邪をこじらせて亡くなっていた。

このところ毎晩、夢の中でその妹が泣きじゃくる。どうしたのか訊いても、上手く話せないようだ。

何とか分かる言葉は「くらい」と「でたい」の二つだけであった。

「土饅頭に埋められてるやろ、そやから暗くて怖いんちゃうかな」

だから、せめて光が差し込むようにしてあげたいと、達郎くんは言った。

用意したのは竹筒である。竹槍のように先端が尖っていた。生垣の材料にする為、家の裏庭にまとめて置いてあるらしい。

それを土饅頭に差し込めば、中に光が差し込むのではないかというのだ。

土葬といえど、遺体は棺に入れられ、その上で埋められる。

竹筒を刺したところで、子供の力では棺を貫けるはずがない。

だが、石坂さんも達郎くんも、そこまで考えが及ばなかった。

土に穴を開ければ光が届く、その一点しか頭に浮かんでこなかったのである。

竹筒を担げて墓地に向かう。達郎くんは途中、小さな声で童謡を歌っていた。

「場所は分かるん?」

「こっち。あの三つ並んだ土饅頭の真後ろ」

達郎くんは迷わず進んでいく。着いてみると、確かに土饅頭はあった。

三つ並んでいるものより、かなり小さい。

そもそも、土を盛るのにはきちんとした理由がある。棺が腐ると穴が開いてしまう。土が盛ってあると、その穴を埋めてくれるのだ。

ということは、小さな土饅頭の下にあるのは小さな棺である。間違いない、ここだ。

「よし、明るくしちゃるからな」

達郎くんが竹筒を振りかぶり、思い切り土饅頭に刺した。ある程度しか食い込まない。

石坂さんは達郎くんと力を合わせ、竹筒をねじ込んでいった。

少し進めては一旦抜き、竹筒に詰まった土をほじくり、また土饅頭に突っ込む。

何度か繰り返すうち、何か堅い物に邪魔されて進まなくなった。

そこからはどう頑張っても無駄であった。何度も何度も突き刺したが、どうしても入らない。

ここへきて、二人はようやく棺の存在に思い当たった。これ以上は諦めるしかない。

達郎くんは悔しそうに土饅頭を睨みつけている。石坂さんは、そんな達郎くんを慰め、家に戻った。

翌朝。

墓地から悲鳴が聞こえてきた。村人が駆け付けると、達郎くんが土饅頭の前で泣き叫んでいた。

近くにスコップが転がっている。

達郎くんは土饅頭を掘り返していたのである。

驚いた村人達は、とりあえず元通りに土を盛ろうと近づいた。

その瞬間、全員が仰《の》け反《ぞ》って離れた。

土の中に幼い女の子がいる。埋葬されている最中、何かの拍子に棺の蓋が割れたらしい。

女の子はどう見ても土から這い出そうとしている状態であった。

その小さな顔は傷だらけだ。何か先の尖った物で、何度も刺したような傷であった。


達郎くんはその後、自分の顔を竹筒で滅多刺しにして病院に運ばれた。

命は助かったが、両目とも潰れてしまった為、家から一歩も出ぬまま十二歳で死んだ。

石坂さんは今でも時折、竹筒が堅い物に当たったときの感触を思い出すそうだ。

日々のこと

何から話せばいいのか分からんのだが。

岡本さんはそう言って、しばらく黙り込んだ。

嫁いでいった娘さんの身に起こった出来事とのことだ。

ようやく考えがまとまったのか、岡本さんは訥々《とつとつ》と話し始めた。

娘さんの名前は綾子、二十五歳になる。

嫁ぎ先は農家である。夫は俊哉という同い年の男だ。朴訥《ぼくとつ》で誠実な青年である。

父は既に亡く、母と祖父と俊哉の三人で農作業に従事していた。

岡本さんは、娘が経験するであろう今後の苦労を案じたのだが、綾子さんの気持ちは変わらなかった。

元々、身体を動かす仕事が好きだったこともあるが、俊哉が暮らす村が気に入ったのだという。

農家に嫁いでくれる女性は貴重であり、最初に訪ねたときは村人総出で大歓迎してくれたそうだ。

そうなると後は本人次第である。岡本さんは笑顔で娘を嫁がせた。

婚礼の日、岡本さんもまた大歓迎を受けた。

男手一つで、よくぞここまで素晴らしい女性に育てたと褒めちぎられた。

娘からは時々連絡が来る。珍しく自筆の手紙だ。

岡本さんは一応、スマートフォンを持っているのだが、どちらかというと苦手である。

そんな父親を思い、わざわざ手紙にするのである。

特別なことを書いているわけではない。

日々の出来事、農作業や家族の様子を綴り、最後は父親の身を案ずる文で終わる。

娘の優しさが胸に沁み、思わず泣けてしまう。

その年の秋、いつものように手紙が届いた。

岡本さんはその手紙を見せてくれた。

美しい字に相応しく、丁寧な文章だ。

まずは父親の体調を案じ、次いで農作業の様子を書き連ねた手紙の最後に、こんなことが書いてあった。

もうすぐお祭りがあります。

村で大切に祀っている神様のお祭りとのことです。

連れて行ってもらったのですが、とても古い神社でした。

大きな森の中にあって、お社も立派でした。村の豊作と繁栄を守ってくれる神様だそうです。

お祭りの準備を手伝わせてもらいました。

森に生えている茸を集める仕事です。

沢山集めたので、皆から褒められました。

明日もまた行ってきます。

お父さんにも見せてあげたいのですが、村人以外は参加するのも見るのも禁止なんだって。

残念！

ではまた手紙出します。

ちゃんとご飯を食べて、お酒も控えめにね。


手紙が届くのは一カ月に二回程度なのだが、二日後にはまた一通やってきたという。

その内容も確認させていただいた。

書き出しは前回と同じく体調を案じている。続く内容も前回通り、普段の様子だ。

間を置かず出した理由が見当たらない。

最後は、またお祭りのことが書かれてあった。


今日も神様の為に森に入りました。この前よりもずっと奥です。

太陽があまり差し込まないせいか、変わった形の茸が沢山生えていました。

神社委員さん達が何人か一緒にいたのですが、枝と枝の間にクモの巣みたいにロープを張っていました。

何の為にするのかと訊いたのですが、村だけに伝わる秘儀だということで教えてくれませんでした。

ではまた手紙出します。

台風が発生したみたい。そっちは大丈夫かな？


読み終えた私に岡本さんは言った。

「よっぽど祭りが楽しみなんだろう、逐一知らせたいのだなと思ってました。ところがですね」

すぐにまた三通目が届いたのだという。便箋一枚だけの短い手紙だ。字も乱れている。

この手紙は、いきなり祭のことから始まっていた。


私は何か重要な役目に選ばれるみたいです。俊哉さんが涙を浮かべながらありがとうと言ってくれました。

今日はその為の準備みたいなものに行きました。

体重とか身長を測られ、当日に着る衣装も合わせました。

血液型とか持病の有無とかも訊かれ、少しだけ血液も採取されました。

取られた血は、神社委員さんが杯に入れて持っていきました。

お父さん、私何だか怖いです。


当時の岡本さんはどうしても休暇が取れなかった。

気にはなるが、後回しにしてしまったのである。

四通目の手紙が届いたのは、それから二週間程経ってからだ。

以前のように、体調の心配と村の様子を書いてあるだけであった。

祭りのことは一切記されていない。

ただ、一つだけ大きく違っていた。

まるで小学生の子供が書いたような文章なのだ。

あれほど美しかった字はミミズが這ったようである。漢字も極端に少ない。

封筒の表書きも全て平仮名であった。


お父さんげんきですか。かぜひいてませんか。わたしはげんきだよ。

お米がいっぱいとれました。おいもさんもいっぱいとれたよ。はくさいもあります。

にんじんもあります。きのこはいっぱいあるけどこわいからたべません。

ではさよおなら。


早く行かなかったことを激しく後悔した岡本さんは、取るものもとりあえず村に向かった。

驚いたことに、村に入る道に俊哉が立っていた。

俊哉はスマートフォンで連絡を取り、すぐに村人達も現れた。

突然の来訪の理由も訊ねられたが、たまたま仕事で近くに来たからとしか言えなかった。

村祭りは他人に知らせてはならない掟があるはずだ。

それを知っているというだけで、娘には不利である。

とりあえず無事な姿を見られれば良い。岡本さんには、それしかできなかった。

結論から言うと、綾子さんは無事であった。

見た目も元気そうで、家の掃除をしていた。

「でも、あれは娘ではありません。父親にしか分からないと思いますが、中身は別人です」

岡本さんはそう言って項垂《うなだ》れた。

今でも手紙は届くが、毎回、コピーしたかのように同じ文面だという。

ヒトカタ供養

一昨年のことである。

篠田家は、当主である信司さんを突然の病で失った。後を継いだのは長男の康夫さんだ。

信司さんは過疎が進む集落の中心的人物であった為、祭事や農作業に関わる業務が多岐に亘って残されていた。

殆ど片付いたのは、葬儀の二カ月後である。

安心している暇はない。最後に残された仕事が最大の難関であった。

集落に関わることではない。篠田家のみが知る秘事である。


それは、ヒトカタ供養と呼ばれていた。

篠田家の背後には里山があり、裏庭から直で登れる。

私有地ではなかったが、篠田家が管理を任されていた。

その代償として、山菜の収穫が許されていたのである。

これが結構な利益を生み、いつの間にか篠田家の重要な生業となっていた。

秘事が行われるのは、天候に関わらず十五夜の翌日と決められている。

まずは家族揃って里山の中腹を目指す。鬱蒼《うっそう》と茂る木立を進むと、何本もの桧《ひのき》が立つ場所に行き当たる。

康夫さんが初めて参加したのは中学二年生のときだが、今でもそのときの光景を鮮やかに思い出せるという。

桧には、何体もの人形が打ち付けられていた。いわゆる藁《わら》人形と呼ばれるものである。丁寧に作られた物も適当な物もあるが、長い髪の毛がまとわりついていたり、呪う対象の写真を貼っていたり、いずれにも強い想いが込められているのは明らかであった。

一年に一度、篠田家は全ての人形を回収し、木箱に入れて懇意にしている寺に持ち込み、供養の後に燃やしてしまう。

それが秘事の全てである。

曾祖父が、夢でお告げを受けたことが切っ掛けだと言われていた。

やらなければどうなるかは、当主のみに伝えられている。

その理由を明かさないまま、信司さんは亡くなってしまったのである。

康夫さんは家中を隅々まで捜してみたのだが、文字として残されたものは一切見つからなかった。

この時点で康夫さんは迷った。以前から、こんなものに意味などないと考えていたのだ。止めるなら今しかない。だが、止めたら何が起こるか分からないという不安もある。

とはいえ、あの藁人形達は見ず知らずの他人が、これもまた見ず知らずの他人に向けて掛けた呪いだ。

そのような深い思いがあるものなのに、理由も知らないまま、勝手に処分するほうが不味いのではないだろうか。

康夫さんは、そう結論を出した。止める口実としては満点である。

とりあえず今年は止めて様子を見よう。そう提案すると、反対した者は祖母一人であった。

残りの家族は皆、賛成の手を挙げた。皆、本心としては面倒だったのだ。


本来なら秘事を行う日が訪れた。康夫さんは、念のため有休を取った。

家族全員も、可能な限り家から出ないようにさせる。

やはり多少は気に懸かっていたのである。出かけたのは中学生の娘、萌奈さんだけだ。

テニス部の試合が近く、レギュラー選手の萌奈さんは喜んで出かけていった。

昼を過ぎたが、日常に変化は見られない。穏やかな時間が過ぎていく。

康夫さんの妻、玲子さんは暇を持て余したらしく、衣替えを始めた。

五分後、玲子さんが手を止め、妙な様子を見せた。

引き出しを抜き取ったタンスの奥を覗き込んでいる。

何か見つけたらしく、腕を突っ込んでいる。振り返ったその手には、一通の封筒が握られていた。

表書きには、ヒトカタ供養お告げ書と記されてある。

康夫さんは震える指先で封筒を開封し、中身を読み上げた。

一つ、行うは十五夜の翌日
一つ、全てのヒトカタ様を集める
一つ、桧の箱を使用のこと
一つ、納めるは制福寺
一つ、もしやらざるときは最も歳の若い家人を一人亡くす

読み終えた瞬間、家の電話が鳴った。

萌奈さんが事故に遭ったことを報告する電話であった。

翌年から篠田家は秘儀を復活させた。
何か御利益があるわけではない。マイナスをゼロにする為に行われるのである。
そこまでやっても、一年経つと再び桧には藁人形が打ち付けられている。
山がある限り、篠田家は永遠に縛られ続ける。

触れぬ神に

浅野さんは動物が大好きであった。
記憶に残る最初の動物は、祖母の家にいた三毛猫だ。太り気味のおとなしい猫だった。
自分の家で飼い始めたのは、浅野さんが七歳になった日だ。
母とともにケーキを買ってきた帰り道で見つけた捨て猫である。
誕生日プレゼントはこの子が良いとダダをこねたのを覚えているという。
七歳の誕生日にちなみ、ナナと名付けられた猫は、浅野さんにとても懐いた。
夜になるとナナは、浅野さんの長い髪に潜り込んで眠った。

小学五年生の夏、浅野さんは自由研究の素材を探しに近所の河原に出向いた。
野草の種類を調べるつもりである。
本来なら、子供一人で入ってはならない場所であった。
浅野さんは両親に黙って来ていた。バレたら大目玉を食らうのは間違いない。
下手をしたら学校からも叱られる恐れがあった。

地盤が柔らかく、所々に深い穴が開いていると言われていたからだ。

とはいえ、そういった危険な箇所はロープで囲われており、気を付けてさえいれば普通に散策できた。

狙い通り、野草は沢山生えているのだが、殆どが同じ種類だ。

できれば色んな野草を集めたい。浅野さんは思い切ってロープで囲われた区域に入った。

ちらりと両親の顔が浮かんだが、気にせずに進む。

結果的にその決断は大正解であった。見たこともない野草があちこちに生えている。

夢中で観察しているうち、妙な音が聞こえてきた。

風の音、或いは口笛にも聞こえるが違う気もする。音がするほうへ注意して進む。

音に近づくにつれ、正体が分かってきた。犬の遠吠えである。

いよいよ音は間近だ。目の前にある穴の中から聞こえてくる。

そっと覗き込む。やはりそうだった。深い穴の底に犬がいる。

底は泥が溜まっているらしく、犬は首から下全部が埋まっていた。

本来は白い犬だったようだが、泥で薄汚れている。浅野さんを見た犬は、弱々しく吠えた。

どうする。どうすればいい。浅野さんは迷いに迷った。

大人を連れてくるのが一番だ。けれどもそれでは、自分が怒られてしまう。

入ってはいけない場所だから尚の事である。

どうにかして自力で助けられないだろうか。囲いに使っているロープを外して、穴に垂らせば。

いや、相手は犬だ。しかも身体が埋まっている。ロープは何の役にも立たない。

では自分がロープで下に下りるのはどうか。そんな度胸はないし、上手く行くとも思えない。

地図を描いたメモを何処かに貼っておくことも考えたが、バレたときを思うと、それもできない。

浅野さんは行き詰まってしまった。

その結果、子供らしい解決策に至った。

浅野さんは、とりあえず餌をあげ始めたのである。

毎日とはいかないが、浅野さんはできる限り餌を与え続けた。

主として給食のパンだが、犬は貪り食った。上手く近くに落ちないことも多く、そういうときの犬は悲しげに吠えるのである。

犬が届かない場所に餌を置く行為が、どれほど残酷なものか浅野さんには想像できなかった。

そのような日々が十日余り続いた。
浅野さんはかなり焦っていた。何日か続けてパンが上手く落とせなかったのだ。
犬はかなり飢えているらしく、浅野さんを睨みつけてくる。
穴に到着し、パンを用意。
今日こそは上手く落としてあげるからね。
そう呟いて投げ込む。だが、パンは犬の口からあと数センチの所に落ちてしまった。
舌を伸ばし、必死になって食べようとしているが、どうしても届かない。
犬は浅野さんを見上げ、大きく口を開け、牙を剥きだしたまま動かなくなった。
死んだかどうか確認するのも怖くなり、浅野さんは河原から逃げ出した。
家に入った途端、玄関で寝ていた飼い猫のナナが逃げ出した。
出迎えた母が顔をしかめている。
「あんた、何処かで泥遊びした？　何だか凄く臭うよ」
言われて初めて気付く。確かに泥の臭いがする。風呂場に直行し、脱いだ服を調べる。
何処にも泥は付いていない。身体も同じだ。
念入りに洗って着替えたのだが、どうしても泥の臭いが消えない。
ナナも逃げ出したままだ。

とりあえず夕飯を食べ始めた浅野さんは、途中で意識を失った。

目覚めたとき、どうしても身体が動かせなかった。

自分が縛られているのだと理解するまで、数分間を要した。

すぐ側に父と母がいる。母は泣きはらしていた。

浅野さんは獣のように唸り、家族に噛みつき、暴れ回ったのだという。

母の横には見知らぬお婆さんが座っていた。

恐ろしい顔つきで浅野さんを睨みつけている。

「気が付いたようだね。あんた、えらいことをやったんだよ」

お婆さんは、犬がとり憑いていると言った。

何をやったか説明しなさいと問われ、浅野さんは河原での出来事を全て話した。

お婆さんは顔をしかめて聞いている。

「何て惨いことを……これはかなり掛かるだろうね」

その日から一週間、お婆さんは不思議な旋律で祝詞を上げ、金の鈴が付いた棒を振り回した。

ようやく泥の臭いが消え、縄が解かれたとき、ナナが近づいてきて浅野さんの膝に乗った。

その瞬間、後から後から涙が溢れて止まらなかったという。

浅野さんは動物が大好きだが、このときから犬だけは苦手となった。

生贄マンション

とある町の小さな商店街で、吉川さんは生まれ育った。以前は人で賑わっていた商店街だが、今では二、三店だけを残し、すっかり寂れている。

そうなった原因は大型ショッピングセンターである。地域全体を賄えるような大型ショッピングセンターの進出した影響で、商店街は一気に客足が途絶えたのだ。

とはいえ、何十年も暮らしてきた町である。住民達は引っ越すこともなく、静かで平和な日々を過ごしていた。

七十歳になった吉川さんも、寝たきりになった夫の介護をしながら穏やかに暮らしていた。

最近、その静けさがなくなりつつある。マンションが建ち始めたのである。それに応じて人が増えていき、町は見知らぬ人が行き来するようになった。

交通の便が良いせいか、マンションは毎月のように建設されていった。

吉川さんの町内にも、当然のごとく建設の計画はあったのだが、実現には至らなかった。用地買収に応じる家が一軒もなかったのだ。

それが崩れたのは、去年の冬。次の町内会長を決める席上のことである。

「では、次年度の町内会長を決めたいと思います。順番で行くと萩原さんですがよろしいですか」

「すんません。あの……私、辞退させてもらいたいんですが」

まさかの拒否にざわつく場を制し、議長が理由を訊ねた。

「家を売るつもりなんです。折角引っ越してきた家ですけどね、一人だと広すぎて何かと不便で。幸い、息子が一緒に住もうと言ってくれまして、手土産代わりに、少しばかりの財産を残してあげたいんですよ」

仲の良い夫婦だった萩原が、妻に先立たれてから落ち込んでいたのは皆が知っている。

それだけに何も言えなかった。

翌日のこと。

萩原が吉川さんを訪ねてきた。いつも世話になった吉川さんに、何やら話しておきたいことがあるという。

「多分だけど、私が立ち退いたら、周りの三軒も後に続くと思うんです」

「あぁ、それはそうでしょうね。仕方ないでしょ。いよいようちの町内にもマンション建つか」

「それでね、そのマンションが完成したら、絶対に中に入らないでほしいんです。できれば近づくのも避けてほしい。それを町の皆に伝えてもらえませんか」

「そりゃ伝えますけど……でも何で？」

萩原は辺りを憚《はばか》るように声を潜め、異様な話を始めた。


あの家は五年前に中古物件として買いましてね。中古ですが手入れの行き届いた家で、妻も一目見て気に入ったんですよ。

それまでいた都会とは全く違う環境でしたが、皆さんお優しくて、古くからの住人のように暮らせました。本当に有難いことで。

元々、鬱気味の妻の為の引っ越しだったんですが、その妻にも笑顔が戻ってきて、思い切って引っ越して良かったなぁと。

ところがね、二年目ぐらいから、妻の体調が悪くなってきて。何と言うか、元気が出ない。気持ち的には前向きなんですよ。けど身体が付いてこない。

朝が特に酷い。身体の芯から疲れ、布団から抜け出すのがやっとでした。

何か、とんでもない重病が隠れているんじゃないか。癌《がん》とか。糖尿病とか。

ところが検査受けても何も出てこない。全く何もない。何度も病院変えて検査し直したんだけど、同じ。完璧に健康体なんですよ。命の危険はないようだし、気力は充実してるからって、妻は病院通いを止めちまった。でね。

亡くなる一カ月ほど前。原因が分かったんです。

ここまで一気に喋り、萩原は振り返って自分の家を見た。

「うち、平屋の割に屋根が高いと思いませんか」

「え。ああ、なるほど。言われてみれば」

「屋根裏に部屋があるんですよ」

「屋根裏部屋？　へぇ、そうなんだ」

「私も知らなかったんです。紹介してくれた不動産屋も知らなかったんだろうな。見つけたのは妻です。夢に出てきたらしい」

萩原は一呼吸置いて真顔で言った。

「そこに人がいたんです」

「え？　いや、だってそんなの不可能でしょ。何処から入るんですか。食事とかトイレとかできないでしょう」

「分かりません。というか、人かどうかも分からないんです。とにかく、妻はその屋根裏の何かに生命力を吸い取られてたんだと思う。そいつは屋根裏の部屋に置いてある小さな箱の中にいるんです。夢の中で妻は、その箱に引きずり込まれるそうです。その夢を見だしてから、妻はどんどん悪くなっていった」

あまりに奇怪な話に吉川さんは黙り込んでしまった。

「私は、どうしても信じてやれなかった。妻の葬儀が終わってから、ふと思い出して屋根裏に上ってみたんです。そしたらね、ありました。屋根裏部屋と言っても、ベニヤ板で作ったバラック小屋みたいなもんです。その中に小さな箱があった。中身は分かりません。開けようとしたんです。でも近づいた途端、箱の中から妻の声が聞こえた。『逃げて、あなた』って」

これ以上、あの家に住んではいられない。妻の魂を残したままで逃げるのは辛くて堪らんのだが、もうどうにもならん。

お世話になった町内の人たちに迷惑が掛かるのも嫌だ。

だから、不動産屋に売りました。キチンと地鎮祭とかやるでしょうし、大企業だからそういった物の扱いは慣れてるだろうし。

ただ、万が一のことがあるかもしれない。跡地に建つマンションには絶対に関わらないでほしい。


萩原は打ち明けてほっとしたのか、早々と町を出ていった。

言っていた通り、家の解体も含め、一切合切を任せたようである。家財道具一式を置いていった為、外見は全く変わらない。住人が消えただけだ。

昼間はともかく、夜間の家は暗く沈み込んでいる。丁度、吉川家の二階から見渡せる場所だ。

常ならば、奥の部屋から漏れる灯りが庭先をほんのりと照らしていたのだが、今は全くの暗闇である。

人が住まなくなって何日も経っていないのに、その佇まいは廃屋そのものであった。

一角が崩れてしまうと、これもまた萩原の予想通り、次々に追随する者が現れた。恐らく、これ幸いと不動産会社が土地買収を進めたのだろう。

萩原家の周辺にある三軒が立ち退き、いよいよこの町内でもマンションが建つことになった。

一旦決まってしまうと話は早い。建築に関する説明会や、企業による挨拶回りが立て続けに実施された。

反対する者もいたのは確かだが、ある程度の金額を提示されてしまえば気持ちが揺らぐ。いずれにせよ、たかだか四十室程度のマンションだ。日常生活に支障があるとは思えない。結局、全員が受け入れたのである。

まず、工事は萩原家の解体から始まった。何人かの作業員が足場を組み、ブルーシートで覆っていく。

一応、防音シートと記されてあるが、その程度でどうにかなるものではない。

吉川さんの家は騒音と振動に悩まされることになった。

作業時間は夜六時までの約束だ。初日、ぴったり六時に音が止んだ。

しばらくはこういった日が続くんだろうなと、吉川さんは苦笑いとともに作業員が帰っていくのを見守った。

三日目の午前中、工事の音が突然止んだ。代わりに、誰かが怒鳴る声が聞こえてくる。

何事だろうと吉川さんは、二階の窓から現場を見下ろした。

勿論、中が覗けるわけではない。が、何やら慌ただしい様子で現場監督が飛び出してきたのは分かった。

どうやら事故が起きたらしい。作業員が二人掛かりで怪我人を運び出してきた。外傷は見て取れないが、何やら激しく痙攣《けいれん》している。

苦労して怪我人を積み込み、車は急発進した。

事故があったせいか、その日の現場は終日静かであった。翌日、いつものように始まった工事は全く同じ状況で止まってしまった。

二人目の怪我人である。今回も同じように痙攣していた。

監督がいなくなった現場で、作業員達が何やら話し合っている。その内容の切れ端が風に乗って聞こえてきた。

やっぱりあれが――
どうすんだろな。――坊さん
っていうか、何なんだ、あれ
座敷牢って
倒れた奴は、箱がどうとか女がどうとか

詳しくは分からなかったが、工事現場に何かいたらしい。事故の原因がそのせいだと言っている。

萩原の妻のことか。それとも箱の中にいる何かのことか。

考えれば考えるほど気になってくる。結局、その日の工事も午前中で中止となり、全員が帰っていった。

吉川さんは工事現場を見つめながら、好奇心と戦っていた。

そのような性格ではないはずなのだが、何故だかどうしても気になる。

だが、確かめようにも工事現場の出入り口は施錠されている。簡単なドアとはいえ、入れそうにない。そこ以外は足場にブルーシートだけだが、きっちりと縛り付けられており、これも侵入不可能だ。

諦めきれず、周りを確認した甲斐があった。一箇所だけブルーシートの紐が外れており、そこから潜り込めそうである。

婆さんが何をやってるのだろうと自嘲しながら、吉川さんは辺りの様子を窺い、するりと中に忍び込んだ。

既に殆ど全部が崩され、瓦礫の山になっている。屋根裏部屋どころか、屋根がない。

この瓦礫の中に、萩原が言っていた小さな箱があるのだろうが、これではもう判別のしようがない。

吉川さんは踵《きびす》を返して外に向かった。最後にもう一度だけ、現場を見ておこうと振り返る。

その瞬間、思わず悲鳴を上げそうになり、慌てて口を押さえた。瓦礫の山の上に小さな箱が乗っている。先程はなかったはずだ。

その箱から白い腕が突き出されていた。

当然、この世のものではない。だが、幽霊や悪霊の類ではない。

もっと高貴な存在だ。理由は分からないが、そう感じる。

何かに対し、畏怖の念を抱いたのは初めてである。直視してはならない、背中を見せてもいけない、頭を下げて。

次々に湧いてくる気持ちに従い、吉川さんは足元を見つめながら後ろ向きにその場を離れた。

あと一歩で家から出られる所まで来たとき、吉川さんの頭に言葉が直接入ってきた。

何語かは分からないが、女性の声で何やら言っている。返事は避け、ひたすら頭を下げ続けた。

無事に外に出た吉川さんは、這うようにして自宅に戻った。

身体の震えが止められない。どうやっても自分を制御できない。

ほんの一瞬見ただけなのに、先程の白い腕が鮮やかに脳裏に浮かんでくる。

奥の間にいる夫から呼ばれなければ、ずっと玄関に座っていただろう。

「おーい、おーい」

「は、はい。今行きます」

奥の間に入った吉川さんは、驚いてその場に立ち尽くした。夫は病気がちで寝たきりの生活である。第三者の手助けがなければ、寝返りすら難しい。

その夫が上半身を起こしている。

「えっ、どうやったの？　起きられるようになったの？」

吉川さんの矢継ぎ早の質問を一切無視して、夫は部屋の壁を見つめたまま言った。

「箱の中に女がおる。女の神様や。恐ろしい。ちゃんと祀らんと祟るぞ、あの箱は」

それだけを言い、夫はまた布団に横になった。横たわった途端、深い眠りに就く。揺すり起こしても無駄であった。

女の神様とは、先程の腕のことか。だとすると、自分が畏怖の念を抱いたのも理解できる。

ただ、寝たきりの夫がそれを断言した理由は分からない。

もう少し詳しく訊きたいが、どうやっても夫は起きてくれない。

諦めた吉川さんは、その足で同じ町内の松本家へ向かった。

あくまでも建前は老人会の打ち合わせだ。

今年で八十八歳になる当主なら、何か知っているのではと判断したのである。

とはいえ、起こったことをそのまま話すわけにはいかない。

信じてもらえるとは思えないし、そもそもが不法侵入である。考えた末、吉川さんはこう切り出した。

「二日続けて事故らしいけど、何か祟りでもあるんですかね？」

「あー、それねぇ。わしもそう思ってた。けど、萩原さんは普通に暮らしてたからなぁ」

吉川さんは、ここに来て気持ちを固めた。萩原から聞いた話を松本さんに打ち明ける。

松本さんは険しい顔で聞いていたが、結論は出なかった。いずれにせよ、マンションの建設は止められないのだ。

何か状況に変化があれば、回覧板を回して情報を共有しようと決めた。

夕飯時になり、ようやく夫は目を覚ました。夫は、いつものようにぼんやりと過ごし、しばらくして再び眠った。

吉川さんは、もやもやした気持ちのまま、夜を迎えた。

考え事に耽《ふけ》っていたせいで、既に日付は変わっている。

何となくカーテンの隙間から外を覗いた。工事現場が見える。工事は近々再開されるだろうし、無事にマンションは建つだろう。

あの小さな箱がどうなるか分からないが、瓦礫とともに処分されるに違いない。

そう思いたい。だが、心の片隅では、果たしてそうだろうかと疑問の声が上がる。

あれほどの瓦礫の山から、無傷で這い出てくるような箱が、おとなしく処分されるだろうか。

何らかの形で生き延びるのではないだろうか。

いずれにせよ、それを知る術はない。これ以上、関わる気持ちも失せている。

吉川さんはカーテンを閉め、眠りに就いた。

その後、工事は着々と進み、萩原家周辺は更地になった。

完成したマンションは全戸完売しており、次々に入居者が引っ越してきた。

全てファミリータイプのせいか、家族連ればかりだ。真新しいマンションで始まる新生活に胸を膨らませ、嬉々としてやってくる。

吉川さんは、得体の知れない不安に抱かれながら、入居者達の姿を見守った。

果たして大丈夫なのだろうか。地鎮祭は行われただろうが、果たしてそれだけでいいのだろうか。

吉川さんの不安は的中した。

入居者達の新生活が始まって二週間目の朝、飛び降り自殺が起きた。墜ちた先は萩原家があった辺りだ。

吉川さんは、救急車が到着する前に現場を見てしまった。

年齢も性別も分からないが、飛び降りた人は、まるで土下座するような姿勢だった。

その土下座する人の首に地面から生えた白い腕が巻き付いていた。

吉川さんが見ている間に、白い腕はするすると地面に戻っていったという。

その日のうちに、町内に回覧板が回り、情報が共有された。


それから三年が経つ。

飛び降り自殺した者は一人だけで済んでいる。

一人だけで気が済んだのか、それ以降、地面から白い腕が生えることはない。

ただし、マンションから去ってはいないようだ。今でも頻繁に救急車が来る。

事情を知っている者は、中に入るどころか、近づくことすら避けている。

吉川さんは話の最後をこう締めくくった。

「多分だけど、これほど多くの人が近くにいるわけでしょ。一気に行くのは止めて、少しずつ命を削っても満足なんじゃないかしら」

不幸日記

安藤さんからお借りした日記を元に書く。

三月六日　土曜日
あの家が売れたようだ。早朝から引っ越しのトラックが来ている。
世間でいうところの瑕疵《かし》物件なのに、何で買うのか理解できん。
とにかくまた始まる。死人が出なければ良いのだが。

三月七日　日曜日
表札があった。川井誠。奥さんと子供二人。男の子と女の子一人ずつ。
一番まずいパターンだな。五年前の定岡家と同じ構成だ。
年齢が分からないけど、中学生と小学生だったりしたら、最悪。

三月八日　月曜日
とりあえず町内会として挨拶に行った。子供の歳、最悪だった。
川井は物流関連の仕事だそうだ。話し方、好感度アップだ。
物腰が柔らかいし、笑顔が爽やか。奥さんもほがらかでナイス夫婦。
子供達はキチンと挨拶できるし、不幸の種は一粒もない。
今のところは。

四月四日　日曜日
川井家は家族揃って出かけていった。相変わらず笑顔が絶えない家族だ。
家のほうは変わりない。今回はスタートダッシュが遅い気がする。
それだけ大切にしているんだろう。目的はともかく。

四月十日　土曜日
川井家、朝っぱらから大声で夫婦喧嘩している。下の女の子が止めようと泣いてる。
これはそろそろ始まったか？　今、男の子のほうが家を飛び出していった。
危ないな。一人は危ない。声掛けるべきかもだけど、今から追いかけるのは無理か。

まだ喧嘩してる。日本語じゃなくなってるんだけど、本人達は気付いてないんだよな、アレ。

四月十五日　木曜日
出勤する川井に挨拶してみる。うん、予想通り。こっちを見ずに、うるさそうに手を振った。

その次は奥さんのほうに挨拶。これも予想通り。こっちを馬鹿にしきった顔だ。

自分らが変わっていってるのも、気付かないんだろうな。

とりあえず子供らがかわいそうだ。親の都合で、こんな危ない家に引っ越すんだから。

四月二十三日　金曜日
今度は親子喧嘩だ。一カ月前はあんなに仲良し家族だったのに。
あ。出ていった。息子さん、ちゃんと帰ってきたらいいけどなぁ。
無理かも。

四月二十四日　土曜日
町内会として息子さんの通夜に顔を出すこと。それにしても短い人生だな。かわいそうな子だ。
通夜から戻った。奥さん、半狂乱で泣いてた。川井はほったらかし。見ようともしない。ぼちぼち次の段階に進むか？

四月二十八日　水曜日
ここんとこ、静かだ。これが怖いんだよな。あの家で静かになるのは、殴りあうよりも怖い。
下の子、引きこもってるんだな。さてと、これは連休越せるか微妙になってきた。
今のうちに町内会費貰っとこう。

五月三日　月曜日　祝日
救急車来た。えーと、川井と奥さんがいるってことは、女の子か。あー、かわいそうに。
首吊ったか？　しかし怖い家だな、絶対見逃さないな。今んとこ百パーだ。
川井、顔が違ってる。あんなキツイ目、してなかった。

五月十日　月曜日　大安
朝から引っ越し屋。昼にも引っ越し屋。川井と奥さん、別々に引っ越していったんだな。
今回の家族も滅茶苦茶にされたなぁ。これで幾つ目の家族だ？　酷い不動産屋だよな。
二月四日　土曜日
久しぶりのトラック。また売れたのか。やれやれ、またしばらくうるさくなるぞ。

円熟の極み

この単著で七冊目だ。怪談を書き始めて十三年になる。

世間一般でいうところの円熟期に入っていても不思議ではない。

ちなみに円熟の意味を調べると、人格・知識・技術などが円満に発達し、豊かな内容を持つこととある。

豊かな人格、知識、技術……か。

どうやら、現実は円熟とは程遠いようだ。

厭な話を書かせたら、他の追随を許さないなどと紹介されたりもするが、このような特殊なジャンルを追ってくる物好きがいないだけだ。

実話怪談、特に私が書くような厭系のものは、その場の取材だけで終わらないこともある。

それが分かっていながら、十年以上も続けてきたのだから、まともな死に方はできないなと諦めている。

そのような道に踏み込む人が少ないのも無理はない。

来なくていいですよ。先の短い年寄りに任せておいてください。

この先もずっと書き続けていけば、何とか円熟の端っこは掴めるかもしれない。

せめて気持ちだけでも前借りさせてもらおうと思い、厭熟とした。


ところで令和二年はとんでもない年になった。

『恐怖箱 万霊塔』収載の〈オリンピックの年に〉という話で書いた通りになってしまった。

新型コロナウイルスとかいう怪物の登場だ。

色々な夢を諦め、我慢を強いられ、ようやく落ち着いたと安心したらまた感染数が増える。

本当に性格の悪いやつだ。おかげで、あっという間に一年が過ぎた気がする。

『厭ノ蔵』という自選集を出していなければ、何をやったか分からない年になっていたかもしれない（さりげない宣伝）。

個人的にも、浮き沈みの激しい年であった。

こりゃもうダメかなと諦め、食事すら満足に摂れなくなった時期がある。

自ら蒔いた種が育ったわけで、どうにも対処できなかった。

そんなどん底から救ってくれたのは家族だった。

それ以外にもいる。

つくね乱蔵と、つくね乱蔵を支持してくれる方々である。

自分を見失いかけていた私は、共著・単著を問わず、今までに書いたものを全て読み返した。

これが心のリハビリになったのだ。

私はこの全ての話を書いてきた。こんなにも沢山の話を書き上げた。

それはつまり、私という人間を信じて、これだけの人達が自身の闇を託してくれたということだ。その闇を読み耽ってくれた人達もいる。

つくね乱蔵という存在は、その人達の集合体でもある。

ならば凹んでいる場合ではない。

書かねば。託されている闇は、まだあるのだ。

こうして崖っぷちで踏みとどまった私は、とり憑かれたように書いていった。

それがこの本、厭熟である。

あのとき、自分を投げ捨てていたら、この本は形になっていない。

つくね乱蔵が積んできたものは、つくね乱蔵を救ってくれた。

そのような経緯を持つ本だ。

感謝の意を込め、常にも増して後味の悪い話を入れた。

最後の話をどれにするか、加藤先生と相談した結果が〈不幸日記〉である。

加藤先生は、どうしてもこれを最後に据えたいと仰った。

ゲラを読んで、その気持ちが分かった。これなら不安定な気持ちを残したまま、読了できる。

〈実話怪談を読む人を現実という安全地帯から引きずり出す〉

それを信条としている私に最適の構成だ。

おかげで、厭熟という名に相応しい本ができあがった。

どうか、それぞれの話の熟し方を堪能していただきたい。

からからに乾いているくせに熟しているものもある。

腐る一歩手前のものもある。

読み終えた後、貴方の腹の底に熟した厭がずっしりと溜まりますように。

令和二年末　湖国にて　つくね乱蔵

本書の実話怪談記事は、恐怖箱 厭熟のために新たに取材されたものなどを中心に構成されています。快く取材に応じていただいた方々、体験談を提供していただいた方々に感謝の意を述べるとともに、本書の作成に関わられた関係者各位の無事をお祈り申し上げます。

恐怖箱 厭熟

2021年1月4日 初版第1刷発行

著者 つくね乱蔵
総合監修 加藤 一

カバー 橋元浩明（sowhat.Inc）
発行人 後藤明信
発行所 株式会社 竹書房
〒102-0072 東京都千代田区飯田橋 2-7-3
電話 03-3264-1576（代表）
電話 03-3234-6208（編集）
http://www.takeshobo.co.jp
印刷所 中央精版印刷株式会社

定価はカバーに表示しています。
落丁・乱丁本は当社までお問い合わせ下さい。

ISBN978-4-8019-2498-7 C0193